PAGE MAKER

Version 3

MICHAEL H. MÜLLER

Michael H. Müller

ANWENDERLEITFADEN

PageMaker

Version 3

Friedr. Vieweg & Sohn   Braunschweig/Wiesbaden

CIP-Titelaufnahme der Deutschen Bibliothek

Müller, Michael H.:
Anwenderleitfaden Page-Maker: Version 3/
Michael H. Müller. – Braunschweig; Wiesbaden:
Vieweg, 1990

Das in diesem Buch enthaltene Programm-Material ist mit keiner Verpflichtung oder Garantie irgendeiner Art verbunden. Der Autor und der Verlag übernehmen infolgedessen keine Verantwortung und werden keine daraus folgende oder sonstige Haftung übernehmen, die auf irgendeine Art aus der Benutzung dieses Programm-Materials oder Teilen davon entsteht.

Der Verlag Vieweg ist ein Unternehmen der Verlagsgruppe
Bertelsmann International.

Umschlaggestaltung: Ludwig Markgraf, Wiesbaden
Druck und buchbinderische Verarbeitung, W. Langelüddecke, Braunschweig

ISBN-13: 978-3-528-04740-5   e-ISBN-13: 978-3-322-84131-5
DOI: 10.1007/ 978-3-322-84131-5

Inhaltsverzeichnis

Dank

Danken möchte ich an dieser Stelle allen, die auf verschiedenste Weise zu diesem Buch beigetragen haben, mit Rat und Tat und mit dem Erdulden mancher Eigenheiten meinerseits:

Den Freunden bei Aldus, Clara, Linda, Ole, Steve, Ben, Kelly, Ciro sowie Jackie, Tom, Susanne und Christine und nicht zuletzt dem Team bei Vieweg.

Seattle, September 1989   Michael H. Müller

Befehle

Absatz

Ein Absatz ist eine Texteinheit, die durch ein <Return> abgeschlossen wird. Alle Formatänderungen, die mit einem Druckformat bewirkt werden, wirken immer absatzbezogen und nie auf eine Zeile oder ein Wort. Siehe *Textblock*.

Absatzabstand

Mit der Option »Abstand:« im Dialogfeld »Absatz...« im Menü »Typographie« geben Sie den Abstandswert ein, den Absätze voneinander haben sollen.

Der Absatz, auf den sich dieser Wert bezieht, muß mit dem Editor markiert sein bzw. die Einfügeposition muß sich darin befinden. Befindet sich die Einfügeposition außerhalb der existierenden Textblöcke bzw. ist die Pfeilfunktion aktiv, wird der neue Wert zur Standardvorgabe für alle mit dem Editor geschriebenen Texte. Werte für den Absatzabstand können in ein *Druckformat* eingebaut werden.

Absatzausrichtung

siehe *Ausrichtung*

Abschneidefunktion   Shift + F8

siehe *Schneidewerkzeug*

Abstand zwischen Buchstabenpaaren

Der Abstand zwischen zwei Buchstaben (engl. Kerning) kann über den Befehl »Absatz« im *Menü »Typographie«* beeinflußt werden. Durch diesen absatzbezogenen Befehl kann ein geschlosseneres Schriftbild erreicht werden.

Ist die Option »Ausgleich: Autom. bei mehr als…Point« angewählt, ist der automatische Ausgleich aktiv. Welche Buchstabenpaare dabei ausgeglichen werden, hängt von der verwendeten Schrift ab und kann nicht geändert werden.

Da das Anwählen dieser Option die Arbeit mit PageMaker stark verlangsamt, empfiehlt es sich, nur ab einer bestimmten Schriftgröße auszugleichen. Standardvorgabe ist 12 Point, bei kleineren Schriftgrößen ist die Wirkung des Ausgleichs kaum erkennbar.

Beim manuellen *Unterschneiden* (Option abgewählt) rücken Sie ein Buchstabenpaar zusammen, indem Sie im Editor eine Einfügestelle zwischen die betreffenden Buchstaben setzen und gleichzeitig die Ctrl-Taste und die Backspace-Taste drücken. Dadurch verringern Sie den Abstand zwischen den beiden Buchstaben um 1/48 Geviert. Beim *Sperren* fügen Sie Zwischenraum ein.

Anfasser

siehe *Markieren*

Anführungszeichen

Beim Importieren einer Textdatei können die in diesem Text enthaltenen Anführungszeichen und Apostrophe durch die im Fotosatz üblichen Zeichen ersetzt werden. Dazu müssen Sie im Dialogfeld »Positionieren…« (*Menü »Datei«*) die Option »Anführungszeichen umwandeln« anwählen. Leider entsprechen die verwendeten amerikanischen Anführungszeichen nicht den europäischen. Dieser Mangel soll in der nächsten PageMaker-Fassung geändert werden.

Aus...	Wird...	Aus...	Wird...
"	"	' "	‚ "
–	–		
ch"	ch"	" '	" ‚
ch'	ch'	_'	_‚
" "	" "		

Angeschnittene Elemente

Angeschnitten oder abfallend werden Elemente genannt, die im ausgedruckten Dokument direkt von der Blattkante begrenzt werden. Bei der Erzeugung solcher Elemente ist zu beachten, daß die *Druckfläche* der meisten Laserdrucker nicht der vollen Papiergröße entspricht. Das Seitenformat des Dokumentes muß also kleiner sein als das Papierformat des Druckers. Außerdem darf das angeschnittene Element nicht auf die *Montagefläche* von PageMaker ragen, da es sonst nicht ausgedruckt wird.

ANSI-Zeichensatz

Der ANSI-Zeichensatz, mit dem Windows und PageMaker arbeiten, besteht aus den Zeichen in der folgenden Tabelle. Sie können diese Zeichen in eine PageMaker-Datei eingeben, indem Sie die Alt-Taste gedrückt halten und gleichzeitig die Null-Taste und die jeweils angegebene Zahlenkombination (insgesamt also 4 Stellen) auf dem Zahlenfeld rechts an Ihrer Tastatur eintippen.

Zeichen	Alt-Taste + 0 +	Zeichen	Alt-Taste + 0 +	Zeichen	Alt-Taste + 0 +
¡	161	Ä	196	â	226
¢	162	Å	197	ã	227
£	163	Æ	198	ä	228
¤	164	Ç	199	å	229
¥	165	È	200	æ	230
¦	166	É	201	ç	231
§	167	Ê	202	è	232
¨	168	Ë	203	é	233
©	169	Ì	204	ê	234
ª	170	Í	205	ë	235
«	171	Î	206	ì	236
	173	Ï	207	í	237
®	174	Ñ	209	î	238

Zeichen	Alt-Taste + 0 +	Zeichen	Alt-Taste + 0 +	Zeichen	Alt-Taste + 0 +
¨	175	Ò	210	ï	239
°	176	Ó	211	ñ	241
´	180	Ô	212	ò	242
¶	182	Õ	213	ó	243
·	183	Ö	214	ô	244
¸	184	Ø	216	õ	245
º	186	Ù	217	ö	246
»	187	Ú	218	ø	248
¿	191	Û	219	ù	249
À	192	Ü	220	ú	250
Á	193	ß	223	û	251
Â	194	à	224	ü	252
Ã	195	á	225	ÿ	255

Arbeitsfenster

Das Arbeitsfenster erscheint nach dem Laden einer PageMaker-Datei auf dem Bildschirm. Im Arbeitsfenster befindet sich die *Montagefläche*, darauf eine oder zwei Seiten des geladenen Dokumentes.

Am oberen und linken Rand des Arbeitsfensters sehen Sie das horizontale und vertikale *Lineal*. Beide entsprechen im Maßstab der dargestellten Seite. Lineale können im Menü »Optionen« ein- oder ausgeblendet werden, im *Menü »Bearbeiten«* können Sie die *Maßeinheit* festlegen.

Im unteren und rechten Bildrand befinden sich die Roll- oder *Bildlaufleisten*, mit denen Sie die Position der Seite auf der Montagefläche und auf dem Bildschirm ändern können. Sie können ebenfalls ausgeblendet werden.

Die untere linke Ecke zeigt Sinnbilder der *Standardseite*(n) und der *Normalseite*(n). Durch Klicken auf einem Sinnbild wird die entsprechende Seite auf dem Bildschirm dargestellt.

Rechts oben befindet sich das *Funktionenfenster*. In den acht Feldern sind Sinnbilder für verschiedene Funktionen, mit denen Sie eine bestimmte Aufgabe ausführen können. Die *Standardvorgabe* des Mauszeigers ist der Pfeil.

Arbeitsspeicher

PageMaker ist ein umfangreiches Programm und benötigt möglichst viel Speicherkapazität. Das von Ihrem Computer verwendete Betriebssystem MS-DOS kann aber lediglich einen Arbeitsspeicher von 640 KByte adressieren. Dies ist der konventionelle oder Grundspeicher. Die Intel-Prozessoren 8086 und 8088 können Speicher bis zu einem MByte adressieren. Der Raum zwischen 640 KByte und 1 MByte ist reservierter Speicher. Zwar können die neueren Intel-Prozessoren 80286 und 80386 selbst mehr als 1 MByte Speicher adressieren. Man spricht dann von Erweiterungsspeicher. Das Betriebssystem DOS beschränkt aber den adressierbaren Arbeitsspeicher auf 640 KByte. Um diese Einschränkung zu umgehen, wurden von den Software-Firmen Lotus, Intel und Microsoft (LIM) mehrere Vorschriften (Expanded Memory Specification, abgekürzt EMS) für Erweiterungskarten für den sogenannten Ergänzungsspeicher entwickelt.

Der Ergänzungsspeicher kann von Windows dann automatisch genützt werden, wenn er der LIM-Spezifikation EMS 4.0 entspricht. Sie können aber auch vorhandenen Erweiterungsspeicher mit den im PageMaker-Paket enthaltenen Programmen SMARTDRV.SYS und RAMDRIVE.SYS ausnützen. Die Ihnen zur Verfügung stehende Speicherkapazität und -art stellen Sie mit dem im PageMaker-Paket enthaltenen Programm SPEICHER.EXE fest. Siehe *Leistungssteigerung*.

ASCII-Format

Darunter versteht man bei Textdateien ein Format, das keinerlei Formatierungsmerkmale enthält. Eine ASCII-Textdatei besteht also aus reinem Text. Dieses Format ist der kleinste gemeinsame Nenner der meisten Textverarbeitungsprogramme, und die meisten dieser Programme können Text in diesem Format lesen und schreiben. PageMaker kann Textdateien in diesem Format importieren und exportieren.

ASCII-Zeichensatz

Der ASCII-Zeichensatz besteht aus den Zeichen in der folgenden Tabelle. Sie können diese Zeichen in eine PageMaker-Datei eingeben, indem Sie die Alt-Taste gedrückt halten und gleichzeitig die jeweils dreistellige angegebene Zahlenkombination auf dem Zahlenfeld rechts an Ihrer Tastatur eintippen.

Zeichen	Alt-Taste +	Zeichen	Alt-Taste +	Zeichen	Alt-Taste +
Ç	128	æ	145	ó	162
ü	129	Æ	146	ú	163
é	130	ô	147	ñ	164
â	131	ö	148	Ñ	165
ä	132	ò	149	ª	166
â	133	û	150	º	167
å	134	ù	151	¿	168
ç	135	ÿ	152	⌐	169
ê	136	Ö	153	¡	173
ë	137	Ü	154	«	174
è	138	¢	155	»	175
ï	139	£	156	ß	225
î	140	¥	157	¶	227
ì	141	₧	158	_	251
Ä	142	ƒ	159	n	252
Å	143	á	160	¨	254
É	144	í	161		

Auflösung

Bei Bildschirm und Drucker ist die Auflösung wichtig. Angenommen, Ihr Bildschirm hat eine Auflösung von 100 dpi (dpi = Punkte pro Zoll), und Sie zeichnen mit einem Grafikprogramm eine Figur (eine Bitmustergrafik). Eine Grafik, die auf Ihrem Bildschirm 2 Zoll lang ist, wird dabei aus 200 Punkten aufgebaut. Ein einzelner

Bildpunkt ist also 1 Hundertstel Zoll groß. Wenn Sie jetzt diese 200 Bildpunkte auf einem Laserdrucker mit einer Auflösung von 300 dpi ausdrucken, nehmen 200 Punkte gerade 2 Drittel Zoll ein. Durch die verschiedene Auflösung (die Grafik besteht immer noch aus 200 Punkten) ist die Grafik deutlich kleiner geworden, weil die einzelnen Bildpunkte, die der Laserdrucker erzeugen kann, kleiner sind. Die Auflösung des Laserdruckers ist ungefähr dreimal so hoch wie die des Bildschirms, das Bild wird dreimal kleiner ausgedruckt als es auf dem Bildschirm dargestellt wird. Wenn Sie das Bild auf die Originalgröße vergrößert ausdrucken, erscheint es unschärfer. Sie machen dabei aus einem einzelnen Bildpunkt mehrere, in diesem Fall drei. Dadurch wird das Auflösungsvermögen des Druckers nicht mehr ausgenützt. Wenn Sie die Grafik gar auf einem Laserbelichter mit einer Auflösung von 2500 dpi ausdrucken, wird diese noch mehr verkleinert. Wenn Ihr Bildschirm eine andere vertikale Auflösung hat als horizontal (und bei fast allen Bildschirmen trifft das zu), sind die Bildpunkte nicht quadratisch, sondern rechteckig. Der Drucker erzeugt aber quadratische Bildpunkte. Dadurch verzerrt er die ursprüngliche Gestalt der Grafik. Was auf Ihrem Bildschirm ein Kreis war, wird zur Ellipse.

Noch komplizierter wird es, wenn Sie die Größe einer Bitmustergrafik selbst ändern wollen. Wenn Sie eine Figur etwa 2,5mal größer machen wollen, müssen aus einem Bildpunkt 2,5 Bildpunkte werden. Da der Bildpunkt aber die kleinste Einheit ist, kann nur ein ganzzahliges Vielfaches dargestellt werden, also entweder 2 oder 3 Bildpunkte. In jedem Fall wird die Grafik verzerrt. Dasselbe Problem taucht auf, wenn Sie eine Bitmusterdatei, z.B. ein digitalisiertes Photo, in eine PageMaker-Datei importieren. Nicht alle Einzelheiten können auf dem Bildschirm dargestellt werden, und das Bild kann auch verzerrt erscheinen. PageMaker speichert aber die gesamte Information und druckt mit der korrekten Auflösung. Wenn Sie ein digitalisiertes Photo mit einem Grafikprogramm bearbeiten wollen, stellt sich dasselbe Problem. Sie müssen dann das Bild zur Bearbeitung in der entsprechenden Vergrößerung (etwa vierfach) darstellen.

Ausgänge

Für jeden Drucker muß der richtige Ausgang (Port, Schnittstelle) gewählt werden. Dies wird über die Systemsteuerung von Windows getan im *Menü »Steuerung«*. Wählen Sie im Dialogfeld »Systemsteuerung« das Menü »Einstellung« und dort den Befehl »Anschlüsse...«. In der linken Hälfte des Dialogfeldes sehen Sie die installierten Drucker, in der rechten Hälfte die Liste der möglichen Ausgänge. Windows bietet Ihnen bis zu 8 mögliche Ausgänge für Ihre Drucker an. Diese Ausgänge sind auch in der Datei WIN.INI unter der Überschrift [ports] aufgelistet. Es können parallele Ausgänge sein (»LPT« mit einer Nummer), serielle Ausgänge (»COM« mit einer Nummer), aber auch der spezielle Ausgang »AppleTalk«, für den eine Erweiterungskarte nötig ist. Diese Ausgänge sind richtige Ausgänge in dem Sinn, daß über diese Ausgänge ein Drucker mit einem Kabel angeschlossen sein kann. Eine andere Art sind die Ausgänge »Ohne« oder eine *Druckdatei*, die »DRUCK.PRN« genannt werden kann.

Sie müssen in diesem Dialogfeld »Anschlüsse...« den Drucker auf einen Ausgang legen. Wählen Sie dazu zuerst in der linken Liste den entsprechenden Drucker an. Klicken Sie dann in der rechten Liste auf dem entsprechenden Ausgang und anschließend »OK«. Welchen Ausgang Sie einem Drucker zuordnen, hängt davon ab, ob er tatsächlich an Ihr System angeschlossen ist oder ob Sie lediglich PageMaker-Dateien für diesen Drucker erstellen wollen. Ist ein Drucker tatsächlich an Ihr System angeschlossen, müssen Sie diesem auch einen "echten" Ausgang geben. Verwenden Sie einen PCL-Drucker (HP), sollten Sie einen parallelen Ausgang dafür wählen, also z.B.»LPT1«. PostScript-Drucker, wie etwa ein LaserWriter, werden dagegen an einen seriellen Ausgang angeschlossen, etwa »COM1«, oder an den Ausgang »AppleTalk«, für den Sie eine eigene Erweiterungskarte in Ihren Computer installieren müssen.

Während Sie mehrere Drucker auf den "unechten" Ausgang »Ohne« legen können, erscheint ein Warnfeld, wenn Sie versuchen, zwei verschiedene Drucker gleichzeitig auf denselben "echten" Ausgang zu legen. Wenn Sie z.B. mehrere Paralleldrukker an Ihren Computer anschließen wollen, müssen Sie diese auf mehrere Parallel-Ausgänge verteilen.

Ausgleich

siehe *Abstand zwischen Buchstabenpaaren, Unterschneiden*

Ausrichtung

Unter Ausrichtung eines Absatzes, dem Zeilenfall, versteht man die Anordnung der Zeilen. Der Zeilenfall ist bedingt durch die Länge der einzelnen Zeilen. Durch Wählen der betreffenden Option im *Menü »Typographie«* können Sie einen markierten Absatz links, rechts, zentriert oder im *Blocksatz* ausrichten. Diese Optionen können Sie auch im Dialogfeld »Absatz...« (Menü »Typographie«) anwählen. Die Ausrichtung wirkt immer auf einen ganzen *Absatz*.

Auszeichnung

Bei einer Schrift ist die Auszeichnung eine besondere Form der einzelnen Buchstaben, die von der Grundform abgeleitet ist. Bei PageMaker gibt es die Auszeichnungen *normal, fett, kursiv, unterstrichen, durchgestrichen*. Die Sonderformen *Kapitälchen, hochgestellt* und *tiefgestellt* gehören ebenfalls dazu. Eine auf eine bestimmte Art ausgezeichnete Schrift nennt man einen Schriftschnitt. Die Auszeichnung legen Sie über den Befehl »Schriftfestlegung...« im *Menü »Typographie«* oder direkt über die entsprechenden Befehle im Menü »Typographie« fest. Die Auszeichnung kann in ein *Druckformat* eingebaut werden.

AUTOEXEC.BAT

Diese Datei muß für den Betrieb von PageMaker die folgenden Zeilen enthalten:

```
PATH C:\WINDOWS;C:\PM

SET TEMP=C:\PM
```

Der PATH-Befehl ist notwendig, damit PageMaker auf Programme in diesen Verzeichnissen zugreifen kann. Durch den TEMP-Befehl werden temporäre Dateien im Verzeichnis PM abgelegt. Das setzt voraus, daß Windows im Verzeichnis WINDOWS und PageMaker im Verzeichnis PM gespeichert ist. Das Installationsprogramm legt diese beiden Zeilen selbsttätig an.

Automatischer Textanschluß

siehe Befehl *»Automatischer Textanschluß«* im *Menü »Optionen«*

Außensteg

siehe *Stege, Satzspiegel*

Basisdruckformat

Legen Sie ein neues *Druckformat* an (*Menü »Typographie«*, Befehl »Druckformate definieren...«), das nur unwesentlich von einem bereits existierenden abweicht, können Sie in der Druckformatliste dieses Basisdruckformat anwählen und dann den Schalter »Neu...« anwählen. Das neue Format (Tochterformat) hat als Vorgabe alle Eigenschaften des Basisdruckformats, die Sie nun entsprechend abändern können.

Jedes Tochterformat bleibt mit seinem Basisformat nach wie vor verbunden. Wenn Sie nachträglich eine Eigenschaft des Basisformats ändern, wird diesselbe Änderung auch in allen Tochterformaten durchgeführt. Wollen Sie diese Verknüpfung vermeiden, müssen Sie, nachdem das Tochterformat vollständig definiert ist, den Namen des Basisformats im Dialogfeld »Druckformate bearbeiten:« im Eingabefeld »Basiert auf:« löschen. Dadurch werden unten im Dialogfeld alle Schriftmerkmale einzeln aufgelistet und die Verbindung zum Basisformat wird aufgehoben.

Baudrate

Damit wird die Datenübertragungsgeschwindigkeit bezeichnet. Beim Anschluß eines seriellen *Druckers* muß dieser konfiguriert werden. Dazu wählen Sie im Menü »Einstellung« der *Systemsteuerung* den Befehl »Datenübertragungsanschluß...«. Wählen Sie in diesem Dialogfeld die Daten, die in Ihrem Druckerhandbuch angegeben sind. Falls Sie keine Angaben finden, probieren Sie folgende Einstellung: Baudrate: *9600*, Wortlänge *8*, Parität *Keine*, Stoppbits *1*, Handshake *Hardware*, Anschluß *COM1*. Klicken Sie dann »OK«.

Bearbeitungsfehler korrigieren

Dazu gibt es verschiedene Möglichkeiten. Der Befehl »Rückgängig« aus dem *Menü »Bearbeiten«* macht nur den zuletzt ausgeführten Arbeitsschritt rückgängig.

Ein viel weiter reichender Befehl ist »Alte Fassung« im *Menü »Datei«*. Mit ihm machen Sie alle Änderungen auf jeder Seite des Dokumentes rückgängig, die Sie seit der letzten Speicherung vorgenommen haben. Im Extremfall also alle Änderungen seit der Öffnung des Dokumentes. Vor der Ausführung des Befehls erscheint zur Sicherheit ein Warnfeld, auf dem Sie »OK« klicken müssen.

Wollen Sie dagegen nur Änderungen auf einer Seite rückgängig machen, können Sie zur zuletzt gespeicherten *Zwischenfassung* zurückgehen. PageMaker speichert nämlich automatisch jedesmal eine Zwischenfassung, wenn Sie auf ein Seitensinnbild klicken. Dies geschieht auch dann, wenn Sie eine Seite einfügen oder löschen und auch, wenn Sie die *Seiteneinrichtung* ändern oder das Dokument ausdrucken. Zur Zwischenfassung kehren Sie zurück, indem Sie den Befehl »Alte Fassung« bei gedrückter Shift-Taste wählen. Wieder erscheint ein Warnfeld. Sie können diese Möglichkeit bewußt ausnützen, indem Sie auf das Sinnbild der dargestellten Seite klicken, bevor Sie eine Serie von Änderungen vornehmen, die Sie eventuell wieder verwerfen wollen.

Befehle

Wählen Sie einen Befehl in einem Menü, führt dieser entweder zu einem *Dialogfeld*, in dem Sie Angaben machen können (hinter dem Befehl stehen im Menü drei Punkte), oder der Befehl wirkt wie ein Schalter. Das heißt, der Befehl wird durch Anwählen wirksam, durch erneutes Anwählen wieder aufgehoben. Ein aktiver Befehl hat am linken Rand ein Häkchen als Markierung, das beim erneuten Anwählen wieder verschwindet.

In jedem Dialogfeld finden Sie zwei Felder (»OK« und »Abbrechen«), die mit dem Mauspfeil angeklickt werden können. Klicken Sie auf dem »OK«-Feld, wird der Befehl ausgeführt, klicken Sie auf »Abbrechen«, wird der Vorgang ohne Änderung abgebrochen.

Benutzerwörterbuch

Für die *Silbentrennung* des Textes benützt PageMaker das eingebaute Silbentrennprogramm mit einem Lexikon und zusätzlich ein
Benutzerwörterbuch. Immer wenn ein Wort zu trennen ist, prüft
PageMaker zunächst nach, ob dieses Wort im Benutzerwörterbuch
vorhanden ist. Ist es vorhanden, wird es nach den dort angegebenen möglichen Trennstellen getrennt. Findet PageMaker das Wort
nicht vor, wird es nach den eingebauten Trennregeln getrennt. Für
Fremdwörter oder Eigennamen sind diese Regeln oft nicht ausreichend. Sie können Wörter, die PageMaker nach Ihren Wünschen
trennen soll, direkt in das Benutzerwörterbuch aufnehmen. Das
Wörterbuch besteht aus der Datei PMDTBEN.TXT.

- Zur Aufnahme von Wörtern in die Datei PMDTBEN.TXT
  öffnen Sie diese mit dem Notizblock von Windows.

- Geben Sie das neue Wort ein, und fügen Sie dabei an jeder
  möglichen Trennstelle einen normalen Trennstrich ein.

- Schreiben Sie lediglich ein Wort pro Zeile, und drücken Sie
  am Ende jeder Zeile die Return-Taste.

- Wenn Sie ein Wort aufnehmen wollen, das nirgends getrennt
  werden soll, schreiben Sie vor dem Wort einen Trennstrich.

- Die Einträge müssen nicht alphabetisch geordnet sein. Maximal kann das Wörterbuch 1300 Einträge enthalten.

Beschnittzeichen

siehe *Schneidemarken*

Bild bearbeiten

Prinzipiell sollten Sie ein Bild möglichst so importieren, wie es
endgültig aussehen soll, da die Weiterbearbeitungsmethoden in
PageMaker recht eingeschränkt sind. Folgende Möglichkeiten stehen Ihnen zur Verfügung.

Konturenführung

In der PageMaker-Datei müssen Sie auf jeden Fall die Konturenführung des positionierten Bildes festlegen. Dazu markieren Sie das betreffende Bild und wählen im *Menü »Optionen«* den Befehl »Konturenführung...«. In dem Dialogfeld können Sie den Abstand des Begrenzungsrahmens festlegen. Die Konturenführung regelt auch die Textführung um das Bild.

Größe verändern

Sie können mit der Maus durch Ziehen an einem Anfasser die Größe des Bildes verändern. Wenn Sie beim Ziehen die Ctrl-Taste gedrückt halten, schlägt Ihnen PageMaker bei Bitmustergrafiken verschiedene Größenstufen vor, bei denen die Auflösung Ihres Druckers optimal genützt wird.

Beschneiden

Mit dem *Schneidewerkzeug* können Sie ein zu großes Bild verkleinern. Dabei wird der unerwünschte Teil des Bildes nicht gelöscht, sondern lediglich nicht dargestellt beziehungsweise gedruckt.

Retuschieren

Sie können ein Bild auch mit den *Zeichenfunktionen* von PageMaker bearbeiten, nachdem Sie es auf die richtige Größe gebracht haben. Dazu können Sie eine Abdeckung mit einer papierfarbenen unsichtbaren Fläche hinzufügen, außerdem Linien oder Rahmen.

Text hinzufügen

Wenn Sie Text aus einem Grafikprogramm in eine PageMaker-Datei importieren, läßt sich der Text in PageMaker nicht mehr bearbeiten. Es kann auch vorkommen, daß der Text in der PageMaker-Datei nicht mehr korrekt angeordnet ist. Am einfachsten sind solche Probleme zu vermeiden, wenn Sie die Bilder erst nachträglich in PageMaker mit Text versehen, soweit dies möglich ist.

Bitmusterdateien

Sie können Grafiken, die als Bitmusterdateien vorliegen, noch weitergehend bearbeiten. Dazu benützen Sie das Dialogfeld »Bild nachbearbeiten...« im *Menü »Optionen«*. Das entsprechende Bild muß vorher markiert sein. Dieser Befehl ist nicht auf *Formelementegrafiken* und *EPS-Dateien* anwendbar. Machen Sie auf jeden Fall einen Probeausdruck, wenn Sie ein Bild in PageMaker weiter bearbeiten. In dem Dialogfeld können Sie folgende Bildeigenschaften modifizieren:

Helligkeit: Der zulässige Wertebereich reicht von -100 bis +100. Bei -100 wird das Bild ganz dunkel, bei 0 ist die Normaleinstellung, bei 100 wird das Bild ganz hell.

Kontrast: Der Wertebereich bei den Kontrasten reicht ebenfalls von -100 bis +100. Bei -100 wird das Bild negativ, bei 0 ist es gleichmäßig grau und völlig kontrastlos, bei 50 ist die Normaleinstellung, bei 100 ist der Kontrast sehr hart.

Raster: Die Rasterwinkelung und die Rasterweite in Linien pro Zoll kann ebenfalls geändert werden. Die Standardvorgabe von 53 Linien pro Zoll bei der Rasterweite eignet sich für Drucker mit einer Auflösung von 300 dpi am besten. Von der Druckerauflösung und Rasterweite hängt die Anzahl der dargestellten Grautöne ab.

Bildbegrenzung

Siehe *Konturenführung*

Bildelemente verzerren

Wenn Sie ein markiertes Bildelement mit der Maus an einem Anfasser ziehen, verzerren Sie das Element. Drücken Sie während des Ziehens die Shift-Taste, bleiben die Proportionen erhalten.

Bildlaufleiste

Die Bildlaufleisten befinden sich im rechten und unteren Rand des *Arbeitsfensters* und dienen zum Verschieben der dargestellten Seite auf dem Bildschirm. Mit dem Befehl »Bildlaufleisten« im *Menü* »*Optionen*« können Sie die Bildlaufleisten ein- und ausblenden.

Sind die Leisten ausgeblendet, können Sie die Seite im Arbeitsfenster mit der *PageMaker-Hand* bewegen. Drücken Sie dazu Alt- und Maustaste.

Gleichzeitig mit den Bildlaufleisten werden auch die Sinnbilder für die Seiten des Dokumentes ausgeblendet. Sie können mit dem Befehl »Seite anzeigen...« im Menü »Seite« blättern, oder Sie drücken Ctrl + Tab bzw. Ctrl + Shift + Tab, um die nächste bzw. die vorausgehende Seite darzustellen.

Bildschirmanzeige

Wegen der satzidentischen Darstellung am Bildschirm in PageMaker müssen alle Schriften, die Sie ausdrucken können, auch am Bildschirm angezeigt werden können. Eine Seite Ihres Dokumentes kann am Bildschirm in verschiedenen Größen dargestellt werden, deshalb müssen auch die Schriften entsprechend vergrößert oder verkleinert dargestellt werden. Hier stößt man an die Grenzen des *WYSIWYG*-Prinzips. Vor allem Serifen sind wegen der relativ niederen Bildschirmauflösung nur unpräzise darzustellen.

Jedem Schriftschnitt des Druckers entspricht ein bestimmter Bildschirmzeichensatz. Ist kein spezieller, zum Druckerzeichensatz (siehe *Fontware*) gehöriger Bildschirmzeichensatz vorhanden, benutzt PageMaker zur Darstellung am Bildschirm einen der eingebauten Systemzeichensätze. Damit kann eine Serifenschrift, eine Groteskschrift und eine nicht-proportionale Schrift dargestellt werden. Die Zeichen, die mit den Systemzeichensätzen dargestellt werden, entsprechen in Höhe und Breite aber nicht den gedruckten Zeichen.

Diese Systemzeichensätze sind in den Schriftgraden 6, 7, 8, 9, 10, 11, 12, 14, 16, 18 und 24 Point vorhanden. Um die Speicherkapazität nicht unnötig zu überlasten, existieren nicht für jede Schriftgröße Zeichensätze. Für andere Schriftgrade können diese Schriften auf ein ganzzahliges Vielfaches vergrößert werden, sonst wird der nächstkleinere Schriftgrad verwendet. Dabei werden die Buchstaben als Bitmuster dargestellt.

In den anderen Fällen und bei sehr großen Schriften (Standardvorgabe ist ab 24 *Pixel*) werden am Bildschirm Vektorzeichen verwendet, die sich beliebig vergrößern lassen. Sie bestehen aus einer Folge von Linien im Umriss der Buchstaben und ähneln der gedruckten Schrift nicht mehr sehr. Vor allem stimmt die Größe der Buchstaben und ihrer Zwischenräume nicht immer. Lediglich die

Zeilenlänge und der Zeilenumbruch stimmen nach wie vor mit dem Druckergebnis überein. Wenn Sie bei Ihrem Drucker mit ladbaren Zeichensätzen arbeiten, haben Sie vielleicht auch für jede Schrift, die Sie drucken können, eine Schrift, die am Bildschirm gezeigt wird. Die letztere ist aber nur zur getreueren Darstellung nötig, nicht zum tatsächlichen Ausdruck.

Sie können die Bildschirmanzeige beeinflussen. Über den Befehl »Vorgaben wählen...« im *Menü »Bearbeiten«* bestimmen Sie, ob System- oder Vektorzeichen für die Bildschirmanzeige verwendet werden sollen. Dabei sind einige Umstände zu berücksichtigen:

Die getreueste Wiedergabe der gedruckten Zeichen erhalten Sie mit speziell zum Druckerzeichensatz passenden Bildschirmzeichen. Diese Bildschirmzeichensätze brauchen mehr Speicherkapazität als die integrierten Systemzeichensätze. Je mehr Bildschirmzeichensätze Sie verwenden, desto langsamer arbeitet PageMaker. Verwenden Sie wegen der getreuen Darstellung für den immer verwendeten Fließtext möglichst Bildschirmzeichensätze. Die üblichen Schriftgrößen für Fließtext sind 8 bis 12 Point. Für selten verwendete Schriften und für große Überschriften verwenden Sie Systemzeichensätze oder Vektorzeichensätze. Normalerweise erhalten Sie mit den vorgegebenen Standardwerten gute Ergebnisse. Wenn Sie aber die Bildschirmanzeige ändern wollen, müssen Sie den Befehl »Vorgaben wählen...« im Menü »Bearbeiten« wählen.

In diesem Zusammenhang sind die drei letzten Optionen dieses Dialogfeldes wichtig. Die dabei verwendete Einheit Pixel entspricht einem Bildpunkt und hängt mit der Auflösung Ihres Bildschirmes zusammen. Wenn Ihr Bildschirm eine senkrechte Auflösung von 72 Bildpunkten pro Zoll hat, entspricht die Einheit Pixel der Einheit Point.

»Skizzieren unter:«: Hier können Sie die Größe in Pixel eingeben, unter welcher Schriftgröße PageMaker Schrift nicht mehr als Text, sondern als schraffierte Fläche (skizziert) darstellt. Die Auflösung der meisten Bildschirme läßt unter einer bestimmten Größe keine Schriftdarstellung mehr zu. Bei Layout-Arbeiten, bei denen Sie den Text nicht mehr lesen müssen, wird durch das Skizzieren außerdem die Arbeitsgeschwindigkeit erhöht. Standardvorgabe ist 6 Pixel, größerer Text wird normal dargestellt.

»Bildschirmzeichensatz dehnen ab:«: Hier können Sie festlegen, ab welcher Größe ein Bildschirmzeichensatz gedehnt werden soll, um dadurch eine andere Größe darstellen zu können. Voraussetzung ist, daß Bildschirmzeichensätze vorhanden sind. Die Standardvorgabe ist 24 Pixel. Das bedeutet, daß zur Darstellung größerer Schriften ein kleinerer Bildschirmzeichensatz gedehnt wird, auch wenn der entsprechende Bildschirmzeichensatz in der richtigen Größe vorhanden ist. Gedehnte kleinere Zeichensätze werden schneller angezeigt als Zeichensätze in der entsprechenden Größe. Sie beanspruchen aber mehr Arbeitsspeicher als Systemzeichensätze. Je mehr die Bildschirmzeichensätze vergrößert werden, desto ungleichmäßiger erscheinen diese am Bildschirm. Wenn Bildschirmzeichensätze größer als 24 Pixel vorhanden sind, und diese zur Darstellung am Bildschirm verwendet werden sollen, müssen Sie den Wert in diesem Feld entsprechend erhöhen.

Statt gedehnter Bildschirmzeichensätze können auch Vektorzeichensätze verwendet werden. Sie können mit der nächsten Option festlegen, bis zu welcher Größe Bildschirmzeichensätze gedehnt und ab wann Vektorzeichensätze verwendet werden sollen.

»Vektorzeichensatz ab:«: Ab der hier eingegebenen Größe in Pixel wird nicht mehr ein Bildschirmzeichensatz, sondern ein Vektorzeichensatz für die Darstellung der Schrift auf dem Bildschirm verwendet. Die einzelnen Zeichen sind dann vergrößerbare Formelemente. Die Bildschirmanzeige von Vektorzeichen erfordert weniger Speicherkapazität, dauert aber meist länger als das Vergrößern vorhandener Bildschirmzeichensätze. Standardvorgabe ist wie in der Option »Bildschirmzeichensatz dehnen ab:« 24 Pixel. Das bedeutet, daß ab dieser Größe nicht mehr Bildschirmzeichensätze, sondern Vektorzeichensätze verwendet werden. Ein Vektorzeichensatz wird dabei auch dann verwendet, wenn ein Bildschirmzeichensatz in der richtigen Größe vorhanden ist. Sind Bildschirmzeichensätze größer als 24 Pixel vorhanden, und sollen diese zur Darstellung am Bildschirm verwendet werden, müssen Sie den Wert in diesem Feld entsprechend erhöhen.

Bildschirmzeichensätze

Jeder Schriftschnitt, der ausgedruckt werden kann, muß am Bildschirm dargestellt werden können. Dazu benötigt PageMaker einen bestimmten Bildschirmzeichensatz. Ist kein spezieller, zum Druckerzeichensatz gehöriger Bildschirmzeichensatz vorhanden, benutzt PageMaker zur Darstellung am Bildschirm einen der eingebauten Systemzeichensätze. Damit kann eine Serifenschrift, eine Groteskschrift und eine nicht-proportionale Schrift dargestellt werden. Die Zeichen, die mit den Systemzeichensätzen dargestellt werden, entsprechen in Höhe und Breite aber nicht den gedruckten Zeichen.

Wenn Sie ladbare Zeichensätze für Ihren Drucker kaufen, übernimmt das mitgelieferte Installationsprogramm meist auch das Installieren der Bildschirmzeichensätze. Sonst verwenden Sie dazu den Befehl »Schriftart hinzufügen...« im Menü »Installation« in der *Systemsteuerung* von Windows. Geben Sie als Verzeichnis zur Speicherung der neuen Bildschirmzeichensätze das Verzeichnis WINDOWS an.

Mit dem Befehl »Schriftart löschen...« im Menü »Installation« der Systemsteuerung löschen Sie die Bildschirmzeichensatzdatei im Verzeichnis WINDOWS. Beim Löschen erscheint eine Meldung mit dem Dateinamen. Beachten Sie dabei, daß Sie dann die entsprechende Schrift überhaupt nicht mehr am Bildschirm zur Verfügung haben. Löschen Sie die Bildschirmzeichensätze nur, wenn Sie alle Schriftgrade eines Schriftschnittes nicht mehr benötigen. Die *Datei WIN.INI* wird automatisch modifiziert.

Bitmusterdateien

Eine Bitmusterdatei besteht aus einer Matrix von Bildpunkten. Aus diesen Bildpunkten setzt sich die Grafik wie ein Mosaik zusammen. Der Umfang einer Datei ist lediglich abhängig von der dargestellten Fläche, nicht von der Komplexität des Inhalts, da jeder Punkt immer definiert sein muß. Bei einem schwarz-weißen Bild muß jeder Punkt entweder schwarz oder weiß sein. Solche Grafiken können von Programmen und von Scannern erzeugt werden. Bei Bitmustergrafiken ist die Auflösung der Grafik selbst sowie die des Bildschirms und des Druckers sehr wichtig.

Bitmustergrafiken bearbeiten

siehe *Bilder bearbeiten*

Blättern Ctrl + Tab, Ctrl + Shift + Tab

Sie können eine bestimmte Seite in einem PageMaker-Dokument aufschlagen, indem Sie auf das entsprechende Seitensinnbild am

linken unteren Rand des Arbeitsfensters klicken. Sind die Seitensinnbilder ausgeblendet, können Sie diese durch den Befehl
»Bildlaufleisten« im *Menü »Optionen«* wieder einblenden. Sie können auch mit dem Befehl »Seite anzeigen...« im Menü »Seite«
blättern, oder Sie drücken Ctrl + Tab bzw. Ctrl + Shift + Tab,
um die nächste bzw. die vorausgehende Seite darzustellen.

Buchstabenweite

siehe *Schrift*

Bundsteg

siehe *Steg*

Cicero

siehe *Maßeinheiten*

COM 1

siehe *Serieller Anschluß*

CONFIG.SYS

Für die Benutzung von PageMaker muß die Datei CONFIG.SYS folgende Zeilen enthalten:

    FILES=20

    BUFFERS=30

Damit Änderungen in dieser Datei von Ihrem Computer gelesen werden können, müssen Sie neu booten. Falls Sie die Programme SMARTDRV.SYS oder RAMDRIVE.SYS benützen, lesen Sie unter *Leistungsoptimierung*.

Copyright-Zeichen

siehe *Sonderzeichen*

Darstellungsgröße

Sie können unabhängig von der Größe des Bildschirms und der Größe des Arbeitsfensters den Maßstab der Darstellung einer Seite Ihres Dokumentes bestimmen. Sieben verschiedene Darstellungsgrößen stehen zur Verfügung. Einige dieser Darstellungsgrößen können Sie mit der Maus direkt herstellen, andere müssen Sie im *Menü »Seite«* anwählen.

Sie können eine bestimmte Stelle der Seite zur Durchführung einer Detailarbeit mit einem Mausklick zoomen: Zeigen Sie mit dem Mauspfeil auf den Teil der Seite, den Sie vergrößert bzw. verkleinert sehen möchten.

- »Originalgröße«: Dabei passen Teile der Seite evtl. nicht auf Ihren Bildschirm. Um zu »Originalgröße« zu gelangen, drükken Sie die **rechte** Maustaste.

- »Ganze Seite«: Dabei paßt die gesamte Seite mit einem Teil der Montagefläche auf Ihren Bildschirm, gleichgültig, wie groß dieser ist. Dies ist die Standardvorgabe. Um zu »Ganze Seite« zu gelangen, drücken Sie die **rechte** Maustaste.

- »Montagefläche«: Dabei paßt die gesamte Montagefläche (ca. 63 cm x 59 cm) auf Ihren Bildschirm. Um zu »Montagefläche« zu gelangen, halten Sie die Umschalttaste gedrückt, und wählen Sie im Menü »Seite« die Darstellungsgröße »Ganze Seite«.

- »Verkleinerung auf 75 %« der Originalgröße erreichen Sie durch Anwählen des entsprechenden Befehls im Menü »Seite«.

- »Verkleinerung auf 50 %« der Originalgröße erreichen Sie durch Anwählen des entsprechenden Befehls im Menü »Seite«.

- »Vergrößerung auf 200 %« der Originalgröße erreichen Sie durch Drücken der Shift-Taste bei gleichzeitigem Drücken der **rechten** Maustaste.

- »Vergrößerung auf 400 %« der Originalgröße erreichen Sie durch Drücken der Shift-Taste und Wahl der Darstellungsgröße »Vergrößerung auf 200 %« im Menü »Seite«.

Die Lineale werden bei jeder Darstellungsgröße im richtigen Maßstab dargestellt. Drücken Sie in der Darstellungsgröße »400 %« die rechte Maustaste, kommen Sie zunächst auf »Originalgröße« und beim zweiten Klick auf »Ganze Seite«. Dies gilt auch bei den Darstellungsgrößen »Verkleinerung auf 50 %« bzw. »Verkleinerung auf 75 %«. Die rechte Maustaste wird fast nur zum Zoomen benützt.

Datei kompakter machen

siehe Befehl *»Speichern unter...«* im *Menü »Datei«*

Datei DRUCK.PRN

siehe *Druckdatei*

Datei WIN.INI

Diese Datei enthält wichtige Informationen zur Konfigurierung Ihres Computers und zum Betrieb von PageMaker und Windows. Sie müssen diese Datei nicht direkt modifizieren, die notwendigen Informationen werden automatisch in ihr gespeichert. Mit dem Notizblock von Windows (oder mit einem anderen Textverarbeitungsprogramm) läßt sich die Datei aber leicht bearbeiten. Die Informationen sind unter bestimmten Überschriften organisiert. Ein Beispiel einer Datei WIN.INI finden Sie im Anhang.

Dialogfeld

Alle Angaben ändern Sie über Dialogfelder. Diese erscheinen immer dann, wenn in einem Menü ein Befehl von drei Punkten gefolgt ist. Sie können mit der Tab-Taste in die verschiedenen Eingabefelder springen. Bei Zahlenangaben müssen Dezimalwerte immer mit einem Komma getrennt werden, sonst nimmt PageMaker die Zahl nicht an. Sind alle Angaben wunschgemäß, können Sie dies durch Klicken auf »OK« bestätigen. Ist das »OK«-Feld dick umrandet, genügt auch das Drücken der Return-Taste.

Dickte

Den vom Schriftdesign her vorgesehenen Standardabstand zwischen einzelnen Buchstaben, also den Raum links und rechts des Buchstabens (er wird Fleisch genannt) plus die Buchstabenweite nennt man die Dickte des Buchstabens. Sie können auf das Fleisch, und damit auf die Dickte, begrenzt mit dem Befehl »Abstände…« im *Menü »Typographie«* Einfluß nehmen. Hiermit wird lediglich der Abstand zwischen den Buchstaben verändert, nicht jedoch die Buchstaben selbst schmäler gemacht.

Disk-Caching

siehe *Leistungsoptimierung*

Doppelseitige Publikation

siehe *Menü »Datei«*, »Seite einrichten…«

Druckdatei

Wollen Sie eine PageMaker-Datei auf einem anderen System ausdrucken, sollten Sie eine Druckdatei anlegen. Auf diese Weise können Sie ungewollte Veränderungen Ihrer Datei verhindern, da für den Ausdruck einer normalen PageMaker-Datei die Einstellungen beider Systeme, also des Systems, mit dem Sie die Datei erstellt haben und des Systems, auf dem die Datei ausgedruckt werden soll, genau übereinstimmen muß. Ist dies nicht der Fall, kann Ihr Seitenlayout verändert werden. Deshalb ist es besser, die PageMaker-Datei zunächst auf Diskette in eine Druckdatei zu drucken. Dabei wird die gesamte Datei mit allen Informationen über verwendete Zeichensätze und darin enthaltene Bilder komplett in einer Datei gespeichert, die DRUCK.PRN genannt werden kann. Jegliche ungewollte Veränderung der Datei und damit Ihres PageMaker-Dokumentes sind dadurch ausgeschlossen. Diese Druckdatei wird vermutlich umfangreicher als die Original-Datei werden.

Sie kopieren diese Datei als Binärdatei (Schalter /B) auf der DOS-Ebene in den gewünschten Drucker (z.B. COPY A:\DRUCK.PRN/B LPT1), ohne daß PageMaker dazu benötigt wird. Werden permanent geladene Zeichen in der Datei verwendet, müssen diese zuerst in den Reindrucker geladen werden. Werden Schriftkassetten verwendet, müssen diese in den Reindrucker eingesetzt werden. Lediglich bedarfsbedingt geladene Zeichensätze befinden sich in der Datei DRUCK.PRN.

Um in eine Druckdatei drucken zu können, müssen Sie zuerst die *Datei WIN.INI* modifizieren. Sie müssen in der Datei WIN.INI einen neuen Ausgang eintragen, eben den Namen der Datei, in die Ihre PageMaker-Datei geschrieben werden soll. Dieser Dateiname wird dann behandelt wie ein Druckerausgang, und Sie drucken mit dem normalen Druckbefehl von PageMaker in diese Datei.

Ändern Sie die Datei WIN.INI, indem Sie im Abschnitt [ports] eine Zeile hinzufügen. Sie sehen dort die verschiedenen Ausgänge aufgezählt, z.B. LPT1:=, LPT2:= usw. Fügen Sie als letzte Zeile ein:

[ports]

DRUCK.PRN=

Das Gleichheitszeichen muß ohne Abstand eingefügt werden. Starten Sie PageMaker, und wählen Sie in der Windows-*Systemsteuerung* den Befehl »Anschlüsse...« im Menü »Einstellung«. Legen Sie dort den entsprechenden Reindrucker auf den Ausgang »Druck.PRN«. Wählen Sie diesen Drucker auf dem Ausgang »Druck.PRN« als Konzeptdrucker (Befehl »Drucken...« im *Menü »Datei«*). Wenn Sie diese Datei DRUCK.PRN auf Ihrer Festplatte lassen und eine neue Druckdatei herstellen wollen, wird der Inhalt der alten Datei DRUCK.PRN überschrieben.

Drucken

siehe Befehl »Drucken...« im *Menü »Datei«*

Drucker

Da PageMaker unter Windows läuft, können Sie prinzipiell mit allen Windows-kompatiblen Druckern abeiten. Jeder Drucker, den

Sie an Ihr System anschließen wollen bzw. für den Sie eine Page-
Maker-Datei erstellen wollen, muß mit der entsprechenden Druk-
kertreiberdatei und eventuell zu verwendenden Zeichensätzen unter
Windows installiert sein. Falls Sie mehrere Druckertreiber für
denselben Drucker haben, installieren Sie auf jeden Fall den neuesten Treiber.

Man unterscheidet Standard-, Rein- und Konzeptdrucker. Der
Standarddrucker ist derjenige Drucker, mit dem Sie normalerweise
in Windows arbeiten, der also mit einem Kabel an Ihren Computer
angeschlossen ist.

Der Reindrucker ist derjenige Drucker, für den Sie Ihre PageMaker-Datei anlegen. Er muß nicht unbedingt tatsächlich an Ihren
Computer angeschlossen sein. Von diesem Drucker hängt z.B. ab,
welche Schriften Sie in Ihrer PageMaker-Datei verwenden können.
Deshalb ist es wichtig, daß Sie gleich zu Beginn Ihrer Arbeit festlegen, mit welchem Drucker Ihre Datei später ausgedruckt werden
soll. Ausgewählt wird dieser Drucker im *Menü »Datei«* mit dem
Befehl »Druckerauswahl...«.

Der Konzeptdrucker ist derjenige Drucker, mit dem Sie Ihre Page-
Maker-Datei ausdrucken, wenn Ihr Reindrucker nicht an Ihren
Computer angeschlossen ist. Der Konzeptdrucker ist also tatsäch-
lich an Ihr System angeschlossen. Ausgewählt wird dieser Druk-
ker im Menü »Datei« mit dem Befehl »Drucken...«. Alle drei
Drucker können identisch sein.

Drucker festlegen

Sie können gleichzeitig mehrere (bis zu 10) Drucker installiert haben. Die verschiedenen Drucker, für die Sie eine Druckersteuerdatei installiert haben, werden in verschiedenen Dialogfeldern
festgelegt. Für jeden Drucker, den Sie verwenden, müssen Sie eine
druckerspezifische Einstellung vornehmen.

Wenn Sie Ihre Dokumente immer für denselben Drucker auslegen
wollen, können Sie diesen zur Standardvorgabe machen, indem Sie
vom PageMaker-Grundbild aus im Menü »Datei« den Befehl
»Druckerauswahl...« wählen. Damit wird immer jeder neu geöffneten Datei dieser Drucker zugrundegelegt.

Einen von der Standardvorgabe abweichenden Reindrucker für
eine bestimmte Datei legen Sie fest, indem Sie bei bereits geöffne-
ter Datei im Menü »Datei« den Befehl »Druckerauswahl...« wählen. Dadurch wird die Druckerwahl auf diese Datei beschränkt.

Den Drucker, mit dem Sie die Datei (z.B. als Probeausdruck) ausdrucken wollen, den Konzeptdrucker, legen Sie im Dialogfeld »Drucken...« des Menüs »Datei« fest.

Drucker anschließen

Sie können jederzeit einen neuen, mit Windows-kompatiblen Drucker anschließen. Für jeden Drucker muß der korrekte Druckertreiber (Druckersteuerdatei) vorhanden sein. Bis zu zehn Druckertreiber können Sie gleichzeitig installieren. Für jeden Drucker muß außerdem der Ausgang festgelegt werden. Drucker werden immer unter Windows installiert. Um einen neuen Drucker zu installieren, müssen Sie deshalb die *Systemsteuerung* von Windows aufrufen (Befehl »Systemsteuerung« im Menü »System«). Über den Befehl »Drucker hinzufügen...« im Menü »Installation« können Sie einen Druckertreiber von einer Diskette in das entsprechende Verzeichnis auf Ihrer Festplatte kopieren. Auf die gleiche Art nehmen Sie eine neue Druckerdatei auf, wenn z.B. eine aktualisierte Datei auf den Markt kommt. Dabei müssen Sie beachten, daß niemals zwei Druckertreiber für denselben Drucker gleichzeitig installiert sein sollten. Sie müssen dann gegebenenfalls zuerst die alte Datei löschen. Dazu verwenden Sie den Befehl »Drucker löschen...« im Menü »Installation« der Systemsteuerung.

Druckerausgang

Drucker können entweder über den parallelen oder seriellen Ausgang Ihres Computers angeschlossen werden. Mit einer speziellen Erweiterungskarte für Ihren Computer können Sie Laserdrucker wie den LaserWriter statt seriell über den AppleTalk-Ausgang anschließen. Der Vorteil ist eine schnelle Datenübertragung.

Für jeden Drucker müssen Sie den richtigen Ausgang (Schnittstelle) wählen. Dazu wählen Sie in dem Dialogfeld »Systemsteuerung« im Menü »Einstellung« den Befehl »Anschlüsse...«. In der linken Hälfte des Dialogfeldes sehen Sie die installierten Drucker, in der rechten Hälfte die Liste der möglichen Ausgänge. Windows bietet Ihnen bis zu 8 mögliche Ausgänge für Ihre Drucker an. Diese Ausgänge sind auch in der Datei WIN.INI unter der Überschrift [ports] aufgelistet. Es können parallele Ausgänge sein (»LPT« mit einer Nummer), serielle Ausgänge (»COM« mit einer Nummer), aber auch der spezielle Ausgang »AppleTalk«, für den eine Erweiterungskarte nötig ist. Diese Ausgänge sind richtige Ausgänge in dem Sinn, daß über diese Ausgänge ein Drucker mit einem Kabel angeschlossen sein kann. Eine andere Art sind die Ausgänge »Ohne« oder eine *Druckdatei*, die »DRUCK.PRN« genannt werden kann.

Sie müssen in diesem Dialogfeld »Anschlüsse...« den Drucker auf einen Ausgang legen. Wählen Sie dazu zuerst in der linken Liste den entsprechenden Drucker an. Klicken Sie dann in der rechten Liste auf dem entsprechenden Ausgang. Welchen Ausgang Sie einem Drucker zuordnen, hängt davon ab, ob er tatsächlich an Ihr System angeschlossen ist oder ob Sie lediglich PageMaker-Dateien für diesen Drucker erstellen wollen. Verwenden Sie einen PCL-Drucker (HP), sollten Sie einen parallelen Ausgang wählen, also z.B.»LPT1«. PostScript-Drucker, wie etwa ein LaserWriter, werden dagegen an einen seriellen Ausgang angeschlossen, etwa »COM1«, oder an den Ausgang »AppleTalk«, für den Sie eine eigene Erweiterungskarte in Ihren Computer installieren müssen.

Während Sie mehrere Drucker auf den "unechten" Ausgang »Ohne« legen können, erscheint ein Warnfeld, wenn Sie versuchen, zwei verschiedene Drucker gleichzeitig auf denselben "echten" Ausgang zu legen. Wenn Sie z.B. mehrere Paralleldrukker an Ihren Computer anschließen wollen, müssen Sie diese auf mehrere Parallel-Ausgänge verteilen. Wählen Sie den Ausgang »Ohne«, wenn Sie den Druckertreiber vorsorglich installieren wollen, etwa wenn Sie vorhaben, später mit diesem Drucker zu arbeiten.

Druckerspezifische Einstellung

Für jeden Drucker müssen bestimmte Angaben gemacht werden. Je nach der Art des Druckers müssen Sie außer über das verwendete Papierformat und die Ausrichtung auch Angaben über Speicherkapazität, verwendete Schriftkassetten, Zeichensätze und Auflösung machen. Bei PostScript-Druckern gibt es noch weitere Optionen. Um das druckerspezifische Dialogfeld zu erreichen, können Sie sowohl in der Liste der Reindrucker (*Menü »Datei«*, Befehl »Druckerauswahl...«) als auch in der Liste der Konzeptdrucker (Menü »Datei«, Befehl »Drucken...«) den Schalter »Einstellung...« anklicken, nachdem der entsprechende Drucker gewählt ist. (Stattdessen können Sie auf dem Druckernamen zweimal klicken.)

Liegt der Drucker auf einem seriellen Ausgang, muß dieser besonders konfiguriert werden. Dazu wählen Sie im Menü »Einstellung« der Systemsteuerung den Befehl »Datenübertragungsanschluß...«. Ein neues Dialogfeld taucht auf. Sie können hier u.a. die Übertragungsgeschwindigkeit festlegen. Wählen Sie die Daten, die in Ihrem Druckerhandbuch angegeben werden. Falls Sie keine Angaben darüber finden, probieren Sie die folgende Einstellung:

Baudrate: *9600*, Wortlänge *8*, Parität *Keine*, Stoppbits *1*, Handshake *Hardware*, Anschluß *COM1*. Klicken Sie dann »OK«.

Druckertreiber

siehe *Drucker anschließen*

Druckerwechsel

Von der Wahl des Reindruckers hängt u.a. ab, welche Schriftarten Ihnen für Ihr Dokument zur Verfügung stehen. Deshalb ist es äußerst wichtig, daß Sie gleich zu Beginn der Arbeit an einem neuen Dokument den endgültigen Reindrucker festlegen. Wechseln Sie später den Reindrucker innerhalb des Dokumentes, wird die Datei an den neuen Drucker angepaßt. Da auch gleichnamige Schriften auf verschiedenen Druckern unterschiedlich sind, wird dabei das Layout Ihres Dokumentes sehr wahrscheinlich zerstört werden.

Druckerzeichensatz

siehe *Fontware*

Druckfläche

Drucker können aus technischen Gründen meist nicht das volle Blattformat bedrucken. Die bedruckbare Fläche ist die Druckfläche. Diese Druckfläche des Druckers hat nichts mit dem *Satzspiegel* und den *Stegen* zu tun, die Sie im Menü »Datei« mit dem Befehl »Seite einrichten...« festlegen. Die Druckfläche ist vielmehr eine unveränderliche technische Eigenschaft Ihres Druckers.

Achten Sie darauf, daß Ihr Satzspiegel nicht größer ist als die maximale Druckfläche Ihres Druckers. Ansonsten müssen Sie im Dialogfeld »Drucken...« des *Menüs »Datei...«* die Option »Unterteilen« anwählen. PageMaker druckt dann jede Dokumentseite auf mehrere Blätter verteilt aus.

Druckformat

Druckformate sind eines der wirkungsvollsten Arbeitsmittel von PageMaker. Ein Druckformat ist eine Sammlung von verschiedenen Merkmalen von Schriftart, Ausrichtung und Farbe, die zusammengefaßt und mit einem Namen versehen worden ist. Durch einfaches Zuordnen dieses Namens zu einem Textabschnitt erhält dieser Text alle vom Druckformat definierten Eigenschaften. Dazu muß der entsprechende Textabschnitt mit dem Editor markiert und das Druckformatfenster auf dem Arbeitsfenster eingeblendet sein. Dann klicken Sie mit der Maus auf dem gewünschten Druckformat im Druckformatfenster.

Im Dialogfeld »Druckformate definieren...« im *Menü »Typographie«* können Sie ein neues Druckformat definieren, ein existierendes bearbeiten oder löschen und Druckformate aus anderen PageMaker-Dokumenten übernehmen. Die vier Schaltflächen »Schrift...«, »Absatz...«, »Tabs...« und »Farbe...« führen Sie in weitere Dialogfelder, in denen Sie die neuen Merkmale für Ihr Format festlegen können.

Wollen Sie ein neues Format lediglich in die Liste aufnehmen und nicht sofort auf einen Textabschnitt anwenden, wählen Sie in diesem Dialogfeld statt »OK« die Option »Schließen«. Klicken Sie »OK«, ohne daß Text markiert ist bzw. ohne daß sich die Einfügemarke in einem Textblock befindet, wird das neu definierte Format zur Standardvorgabe. Klicken Sie »OK«, wenn Text markiert ist bzw. wenn sich die Einfügemarke in einem Textblock befindet, wird das neu definierte Format auf diesen Textabschnitt angewendet. Wollen Sie abbrechen und Ihre Druckformatvorlage unverändert lassen, können Sie jederzeit die Option »Abbrechen« wählen.

»Bearbeiten...«: Wollen Sie ein existierendes Druckformat verändern, markieren Sie dieses und wählen den Schalter »Bearbeiten« an. Ein neues Dialogfeld erscheint. Je nachdem, welches Merkmal Sie ändern wollen, wählen Sie entweder die Option »Schrift...«, »Absatz...«, »Tabs...«, oder »Farbe...« an. Sie können dieses Dialogfeld auch direkt vom Arbeitsfenster unter Umgehung des Menüs »Typographie« anwählen. Dazu muß das Druckformatfenster im Arbeitsfenster eingeblendet sein (Befehl »Druckformatliste« im Menü »Optionen«). Wählen Sie das zu bearbeitende Druckformat bei gedrückter Ctrl-Taste im Druckformatfenster an. Das Dialogfeld erscheint.

Wählen Sie »Schrift...«, erscheint das Dialogfeld »Schriftfestlegung«. Wählen Sie »Absatz...«, erscheint das Dialogfeld »Absatzformat«. Wählen Sie »Tabs...«, erscheint das Dialogfeld »Einzüge/Tabs«. Alle diese Dialogfelder können auch direkt über das Menü »Typographie« angewählt werden, beziehen sich aber dann lediglich auf gerade markierten Text.

Wählen Sie »Farbe...«, erscheint das Dialogfeld »Farben definieren«. Dieses Dialogfeld kann auch direkt über das Menü »Optionen« angewählt werden, bezieht sich dann aber ebenfalls nur auf gerade markierten Text.

»Neu...«: Wollen Sie ein neues Druckformat anlegen, das aber z.B. in wesentlichen Eigenschaften einem anderen, bereits festgelegten Druckformat entspricht, markieren Sie zunächst auf der Druckformatliste dieses Basisdruckformat. Dann wählen Sie den Schalter »Neu« an. Im Dialogfeld können Sie nun einen beliebigen Namen für das neue Tochterformat eingeben. Im Feld darunter steht bereits der Name des vorher markierten *Basisdruckformats*, und in dem Feld, in dem sonst die einzelnen Eigenschaften gelistet werden, wird lediglich der Name des Basisformats angegeben. Sie können nun wie beim Festlegen eines völlig neuen Formates die entsprechenden Eigenschaften eingeben. Alle anderen Eigenschaften des Tochterformats werden unverändert vom Basisformat übernommen, Sie müssen also nicht mehr alles neu definieren.

Sie können auch die Merkmale eines bereits existierenden Textabschnittes, der nicht mit einem Druckformat formatiert wurde, in die Druckformatliste aufnehmen und mit einem Namen versehen. Dazu markieren Sie den betreffenden Absatz mit dem Editor und wählen im Dialogfeld »Druckformate definieren« das Format [Markierung] an. Wählen Sie nun den Schalter »Neu« an und geben dem Format einen Namen.

»Löschen«: Das Anwählen dieses Schalters löscht ein markiertes Druckformat ohne weitere Warnung.

»Kopieren...«: Im auftauchenden Dialogfeld können Sie die Page-Maker-Datei auswählen, von der Sie die Druckformatvorlage kopieren möchten. Existiert in Ihrem aktuellen Dokument ein Druckformat gleichen Namens, wird es ohne Warnung durch das neue Druckformat ersetzt.

Erstellen durch formatierten Text

Statt die Merkmale eines Druckformates über den Befehl »Druckformate definieren...« in einer Liste festzulegen, können Sie auch die Merkmale eines Textes, der über das Menü »Typographie« formatiert wurde, in ein Druckformat übertragen. Markieren Sie dazu mit dem Editor die entsprechende Textstelle. Das Druckformatfenster muß in das Arbeitsfenster eingeblendet sein. Drücken Sie die Ctrl-Taste, und klicken Sie auf der Zeile [Ohne Format] im Formatfenster. Das auftauchende Dialogfeld »Druckformate bearbeiten« enthält bereits die Merkmale der markierten Textstelle. Das Druckformat hat nur noch keinen Namen. Schreiben Sie den gewünschten Namen, und klicken Sie »OK«. Im Formatfenster erscheint darauf ein neues Druckformat mit diesem Namen.

Druckformatfenster

Sie können mehrere zusätzliche Fenster in das Arbeitsfenster einblenden. Das Druckformatfenster enthält eine Liste der in einem Dokument vorhandenen Druckformate und kann durch den Befehl »Druckformatliste« im *Menü »Optionen«* eingeblendet werden. Das Fenster ist frei beweglich und kann auch in der Größe geändert werden. Durch erneutes Anwählen des Befehls »Druckformatliste« wird es wieder ausgeblendet.

Druckvorgang unterbrechen

Der Druckvorgang wird über den *Spooler* gesteuert. Sie können über den Befehl »Anhalten« im Menü »Steuerung« des Spoolers den Druckvorgang vorübergehend anhalten. Den Spooler müssen Sie zuerst mit dem Befehl »Spooler« in der *Systemsteuerung* von Windows aufrufen.

Duktus

siehe *Schrift*

Durchschuß

Der Durchschuß ist der Zeilenabstand. Er kann für einen markierten Text im *Menü »Typographie«* im Dialogfeld »Schriftfestlegung...« gewählt werden. Die Standardvorgabe bei der Option »Autom. Zeilenabstand« ist etwa 120% der Schriftgröße. Sie kann im Dialogfeld »Abstände...« (Menü »Typographie«) mit der Option »Autom. Zeilenabstand:...% des Schriftgrads« gewählt werden.

Editor   Shift + F4

Der Editor ist eine der wichtigsten Funktionen von PageMaker.
Mit ihm können Sie neuen Text schreiben, alten Text korrigieren
und Textabschnitte innerhalb eines *Textblockes* markieren. Durch
Klicken auf dem Textsymbol im *Funktionenfenster* wird er einge-
schaltet. Der Mauszeiger bekommt die Form eines senkrechten
Balkens mit kleinen Verzweigungen an den Enden.

Mauszeigerform

Um Text zu schreiben, müssen Sie zunächst eine Einfügeposition
schaffen. Dazu führen Sie den Mauszeiger an eine beliebige Stelle
auf der Seite und klicken Sie einmal. Die dadurch erzeugte Einfügeposition hat die Form eines senkrechten blinkenden Striches. Die
Breite des neuen Textes können Sie bestimmen, indem Sie zuerst
die Maus bei gedrückter Taste ziehen. Der dadurch erscheinende
gestrichelte Rahmen entspricht dem Raum, den der Text einneh-
men kann.

Klicken Sie zweimal auf einem bereits vorhandenen Wort, wird
das Wort markiert, dreimaliges Klicken markiert einen ganzen Absatz. Durch Ziehen mit der Maus können Sie einen beliebig großen
Text markieren. Die Pfeiltasten sowie die Tasten "Home", "End",
"PgUp" und "PgDn" bewegen die Einfügeposition entsprechend
im Text.

Einfügen

Mit dem Befehl »Einfügen« im *Menü »Bearbeiten«* können Sie
Elemente aus der Zwischenablage beliebig oft in eine PageMaker-
Datei einfügen.

Einfügeposition

siehe *Editor*

Eingetragenes Warenzeichen

siehe *Sonderzeichen*

Einheit des senkrechten Lineals

Siehe *Maßeinheiten*

Einseitige Publikation

siehe *Menü »Datei«*, »Seite einrichten...«

Einzug

Den Einzug eines im Editor markierten Textes bestimmen Sie im *Menü »Typographie«* mit dem Befehl »Absatz...« (Option »Einzüge:«), indem Sie die entsprechenden Werte eintragen. Die *Maßeinheit* der Einzüge bestimmen Sie im *Menü »Bearbeiten«* im Dialogfeld »Vorgaben wählen«. Einen hängenden Einzug stellen Sie her, indem Sie im Feld »Einzüge Links« einen positiven Wert eingeben, im Feld »Einzüge Erste Zeile« denselben, jedoch negativen Wert eintragen.

Sie können im selben Menü auch den Befehl »Einzüge/Tabs...« (Ctrl + E) wählen. Im Dialogfeld sehen Sie ein Lineal, das mit der von Ihnen gewählten Maßeinheit dargestellt wird. Auf dem Lineal sehen Sie kleine Marken. Die beiden Dreiecke links beziehen sich auf den linken Rand des Absatzes sowie den Einzug der ersten Zeile. Indem Sie diese Marken mit der Maus nach links oder rechts ziehen und dann »OK« anwählen, verändern Sie ebenfalls die Einzüge eines markierten Absatzes. Nur die obere Marke kann unabhängig bewegt werden, bewegen Sie die untere, wandert die obere mit. Für den hängenden Einzug bewegen Sie erst beide Marken nach rechts, dann die obere wieder nach links. Sie können auf dem Lineal und in dem Ziffernfeld genau ablesen, wohin Sie die Einzüge gesetzt haben. In diesem Dialogfeld legen Sie auch die Tabstops fest.

Elementebenen

Elemente auf einer Seite können in verschiedenen Ebenen überein-
anderliegen. Mit den Befehlen »Nach vorne stellen« bzw. »Nach
hinten stellen« im *Menü »Bearbeiten«* können Sie ein markiertes
Element auf eine andere Ebene setzen. Sie können ein von einem
anderen Element ganz oder teilweise verdecktes Element markieren, indem Sie beim Klicken mit der Maus die Ctrl-Taste gedrückt
halten.

Elemente

Grafiken oder *Textblöcke* auf einer Seite werden als Elemente bezeichnet. Sie können mit den verschiedenen PageMaker-Funktio-
nen bearbeitet werden.

Elemente mit Farbe versehen

Sie können ein Element (Text oder Grafik) Ihres Dokumentes mit
einer Farbe versehen, indem Sie es markieren, die *Farbpalette* in
das Arbeitsfenster einblenden und die gewünschte Farbe aus der
Farbpalette anklicken. Die Farbpalette blenden Sie mit dem Befehl
»Farbpalette« im *Menü »Optionen«* ein. Markieren Sie ein Texte-
lement mit dem Editor, ein Bildelement mit dem Mauspfeil. Existiert die gewünschte Farbe nicht in der Farbpalette, können Sie
den Befehl »Farben definieren...« aufrufen und die betreffende
Farbe definieren.

Ellipsen zeichnen

siehe *Kreisformenfunktion*

EMS-Erweiterungskarte

siehe *Leistungsoptimierung*

EPS-Dateien

Grafiken in diesem Format (Encapsulated PostScript) wurden mit der Seitenbeschreibungssprache PostScript erzeugt. Eine solche Datei kann nur auf einem PostScript-fähigen Drucker ausgegeben werden.

Ergänzungsspeicher

siehe *Leistungsoptimierung*

Erhalten der Proportionen

siehe *Bild bearbeiten*

Ersetzen von Text

Siehe *Menü »Datei«*, Befehl »Positionieren...«, Optionen »Ganzen Textabschnitt ersetzen« und »Markierten Text ersetzen«

Erweiterungsspeicher

Siehe *Leistungsoptimierung*

Exportfilter

siehe *Filter*

Exportieren von Text

Sie können Texte (nicht jedoch Grafiken) aus einer PageMaker-Datei exportieren und in verschiedenen Formaten als unabhängige Textdateien speichern. Welche Formate Sie wählen können, hängt von den installierten *Filtern* ab. Sie exportieren einen Text, indem Sie den Befehl »Übertragen...« im *Menü »Datei«* wählen. Im Dialogfeld legen Sie Name und Verzeichnis für die zu exportierende Textdatei fest, außerdem, ob Sie den Text als reine ASCII-Textdatei oder als formatierte Datei speichern wollen. Wenn Sie für Ihr Textverarbeitungsprogramm keinen entsprechenden Filter haben, exportieren Sie den Text am besten als ASCII-Datei.

Sie müssen sich zum Exportieren im *Editor* befinden und eine Einfügeposition im betreffenden Text angeklickt haben. Wollen Sie nur einen Teil des Textblockes exportieren, müssen Sie diesen markieren. Haben Sie nichts markiert, wird automatisch der gesamte Text exportiert.

Farbauszüge

Für ein mehrfarbiges Dokument benötigen Sie beim Offset-Druck für jede verwendete Farbe eine eigene Druckform. Bei einem zweifarbigen Dokument sind pro Seite zwei Druckvorgänge notwendig, jeder mit einer Farbe. Mit PageMaker können Sie für eine zweifarbige Seite die beiden Farben getrennt voneinander als Volltonfarbauszüge (schwarz) ausdrucken lassen. PageMaker kann auf beiden Blättern automatisch an den gleichen Stellen die nötigen *Paßkreuze* anbringen, mit denen der Drucker die beiden Farben auf derselben Seite genau übereinanderdrucken kann.

Was PageMaker (noch) nicht kann, ist eine Farbseparierung, mit der Sie Druckformen für von Ihnen beliebig definierte Farben herstellen können. Da die Möglichkeit der Farbdefinition aber bereits angelegt ist, steht eine baldige Lösung dieses Problems wohl an.

Um Volltonfarbauszüge zu drucken, wählen Sie im *Menü »Datei«* den Befehl »Drucken...« an. Wählen Sie im Dialogfeld die Optionen »Volltonfarbauszüge« und »Beschnittzeichen«, druckt PageMaker außer den *Schneidemarken* auch Paßkreuze und den Farbnamen aus. Das *Papierformat* muß dazu größer sein als das Seitenformat Ihres Dokuments. Wenn Sie vorher bereits die Einstellung geprüft haben, klicken Sie auf »OK«. PageMaker druckt nun (in schwarz) für jede Dokumentseite soviel Blätter aus, wie Farben vorhanden sind. Jedes Blatt enthält jeweils alle Elemente einer Farbe und ist mit Paßkreuzen und Beschnittzeichen versehen. Aus diesen Ausdrucken kann eine Druckerei dann die Formen für den Farbdruck herstellen.

Noch einmal: Selbst wenn Sie einem Element eine Farbe geben, die aus 40% Rot und 30% Gelb besteht, trennt PageMaker diese Farbe nicht in zwei Auszüge auf, sondern druckt einen Auszug für diese Farbe.

Wenn Sie auch die Option »Aussparungen« wählen, erreichen Sie, daß der unterste Farbauszug an den entsprechenden Stellen unbedruckt bleibt. Nur der oberste Auszug wird voll gedruckt. Dadurch überlagern sich beim Drucken keine Farben. Machen Sie am besten einen Probeausdruck, und klären Sie mit Ihrer Druckerei die beste Vorgehensweise. Für optimale Druckergebnisse muß manchmal die Druckerei die Aussparungen vornehmen.

Farbe

PageMaker versieht jedes Dokument automatisch mit 6 Standardfarben. Wenn Sie im *Menü »Optionen«* den Befehl »Farbpalette« anwählen, wird unter dem *Funktionenfenster* ein Fenster mit der Farbliste eingeblendet. Dieses Fenster ist frei beweglich und kann durch erneutes Anwählen des Befehls wieder ausgeblendet werden. Sie können die Liste der Farben beliebig mit neu definierten Farben erweitern.

Farbe kopieren

Siehe *Menü »Optionen«*, »Farben definieren...«

Farbe löschen

Siehe *Menü »Optionen«*, »Farben definieren...«

Farbnamen

Beim Ausdruck von Volltonfarbauszügen druckt PageMaker die von Ihnen beliebig festlegbaren Farbnamen auf jeden Auszug, wenn Sie im Dialogfeld »Drucken...« (*Menü »Datei«*) die Optionen »Volltonfarbauszüge« und »Beschnittzeichen« angewählt haben. Außer den Farbnamen werden auch *Schneidemarken* und *Paßkreuze* gedruckt. Das verwendete *Papierformat* muß dabei größer sein als das Seitenformat Ihres Dokumentes.

Farbpalette   Ctrl + X

Wählen Sie diesen Befehl im *Menü »Optionen«*, erscheint am rechten oberen Bildrand die Farbpalette, ein Fenster mit einer Liste der momentan im Dokument verfügbaren Farben. PageMaker stellt automatisch in jeder Datei 6 Farben zur Verfügung. Es handelt sich um Blau, Grün, Rot und um [Papier], [Schwarz] und [Paßkreuze]. Blau, Grün und Rot sind Volltonfarben, deren Farbton beliebig definiert werden kann.

Durch Ziehen des Fensterrandes mit der Maus können Sie die Größe des Fensters verändern. Das Fenster kann mit der Maus verschoben werden, indem Sie es an der Titelleiste an die gewünschte Stelle des Bildschirms ziehen.

Farbsysteme

PageMaker bietet Ihnen die Möglichkeit, im *Menü »Optionen«* über die Option »Neu« oder »Bearbeiten« im Dialogfeld »Farben definieren...« unter den Farbsystemen zu wählen und damit eine Farbe zu definieren.

- RGB (Rot, Grün, Blau), (additives Farbsystem, für Bildschirmtechnik)

- THS (Farbton, Helligkeit, Sättigung) (Grafikgewerbe, Druckindustrie)

- CMGS (Cyan, Magenta, Gelb, Schwarz) (subtraktives Farbsystem)

Da PageMaker aber keine Farbseparierung vornehmen kann, ist diese Möglichkeit erst in einer späteren Version richtig nutzbar. Da der eigentliche Druck im Offset-Verfahren auf dem CMGS-System basiert, sollten Sie dieses System wählen. Aber auch wenn Sie das CMGS-System wählen, führt PageMaker keine Farbseparierung in die vier Grundfarben des Farboffsetdruckes durch.

Falls Sie eine Farbe definieren wollen, können Sie die jeweilige Prozentzahl der Komponenten direkt eingeben oder die einzelnen Farben mit der Maus mischen. Auch an einem Farbbildschirm wird die Farbe aber nicht völlig korrekt wiedergegeben. Das liegt daran, daß auf dem Bildschirm die Farbe aus Rot, Grün und Blau additiv zusammengesetzt wird, gedruckt wird aber immer nach dem subtraktiven CMGS-System.

Das RGB- und THS-System sind bei Scannern häufig, die meisten Farbscanner erzeugen Bilder mit dem RGB-System. Sie können mit der Wahl des Farbsystems in PageMaker eine importierte Datei zu CMGS konvertieren.

Fehlerwartezeit

Das ist die Zeit, in der Ihr Computer versucht, auf dem gewählten
Drucker zu drucken, bevor im Falle eines Problems der Druckversuch abgebrochen wird. Im Menü »Einstellung« der *Systemsteuerung* können Sie im Dialogfeld »Drucker...« (Option »Drucker
nicht bereit:«) diese Fehlerwartezeit verändern. Die Standardvorgabe ist 15 Sekunden, normalerweise erzielen Sie mit dieser Angabe gute Resultate.

Mit der Option »Noch einmal versuchen:« im selben Dialogfeld
können Sie die Zeit festlegen, in der ein Druckversuch wiederholt
werden soll, wenn der Drucker gerade belegt ist. Die Standardvorgabe ist 45 Sekunden.

Festwinkellinienfunktion   Shift + F3

Dies ist eine der Zeichenfunktionen, die Sie im *Funktionenfenster*
anwählen können. Linien, die Sie mit dieser Funktion ziehen, sind
immer entweder senkrecht, waagerecht oder haben eine Neigung
von 45 Grad. Die Stärke und Ausführung der Linien bestimmen
Sie über das *Menü »Linien«*. Wenn Sie nachträglich die Länge der
Linien ändern wollen, drücken Sie dabei die Shift-Taste, da sich
sonst sehr leicht die Ausrichtung (senkrecht, waagerecht etc.) der
Linie ändert.

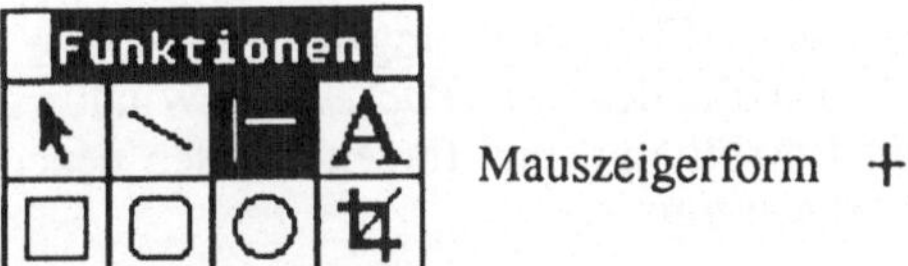

Mauszeigerform   +

Filter

Um Text- oder Grafikdateien in einer PageMaker-Datei placieren
zu können, benötigen Sie Umwandlungsprogramme, sogenannte
Importfilter, welche die Datei in ein eigenes PageMaker-Format
umwandeln. PageMaker erkennt die Formate der verschiedenen
Dateien an ihrem Suffix. Manchmal kann PageMaker beim Positionieren einer Datei das Standardsuffix des Textverarbeitungsprogramms nicht korrekt einordnen. Einige Programme verwenden überdies dasselbe Suffix. Im Notfall können

Sie alle vorhandenen Filter ausprobieren. Die Importfilter für folgende Formate sind bereits in PageMaker integriert.

ASCII- Dateien (reine Textdateien)	.TXT
AutoCAD	.DWG
Encapsulated PostScript-Dateien	.EPS
Euroscript 2	.XYW
GDI-Metadateien aus Windows	.WMF
In*a*Vision	.PIC / DRW
MacPaint	.PNT
Multimate	.DOC
PC Paintbrush	.PCX
Tag Image File Format	.TIF
Windows Draw!	.PIC
Windows Paint	.PIC
Windows Write	.WRI
Word	.DOC / TXT
WordPerfect 4.2	.WP

Andere Importfilter werden im PageMaker-Paket mitgeliefert und müssen von Ihnen installiert werden. Sie können bis zu 10 Importfilter installieren. Gegebenenfalls können Sie den benötigten Filter nachträglich ohne großen Aufwand installieren. Dazu müssen Sie die Filterdatei in das PageMaker-Verzeichnis kopieren. Diese Datei muß das Suffix .FLT tragen. Öffnen Sie dann die *Datei WIN.INI* mit Hilfe des *Notizblockes* von Windows. Suchen Sie den Abschnitt [PMFilters], und tragen Sie den neuen Filter nach folgendem Muster ein:

    [PMFilters]
    Filtertyp=Filtername, Erweiterung

zum Beispiel

    CGM Graphics Import=CGMMPORT,CGM

Dabei ist *Filtertyp* eine Kurzbeschreibung des Filters, *Filtername* ist der Dateiname des Filters ohne Suffix, und *Erweiterung* ist das Suffix, das der zu exportierenden Datei zugeordnet wird.

Installierbare Filter für folgende Programme sind im PageMaker-Paket enthalten. Die Liste wird ständig erweitert, fragen Sie Ihren Händler, falls Sie ein Filter für ein anderes Programm benötigen:

Computer Graphics Metafile Grafikdateien	.CGM

dBase	.DBF
HP Advance Write	.AW
HP-GL Plotterdateien	.PLT
Lotus 1-2-3	.WK1
Olitext Plus	.OTX
Samna Word	.SAM / DCA
Symphony	.PIC
Videoshow (NAPLPS-Grafikdateien)	.PIC
Wang PC/IWP	.IWP
Zenographics Mirage	.IMA

Verwenden Sie ein Textverarbeitungsprogramm, dessen eigenes Dateiformat nicht von PageMaker erkannt wird, versuchen Sie, Ihre Datei im DCA-Format zu speichern. Vielen Textverarbeitungsprogrammen liegt ein entsprechendes Konvertierungsprogramm bei. Einige Textverarbeitungsprogramme (IBM PC Text 3 und 4, Samna Word, Volkswriter, WordStar 2000) verwenden dieses Format (DCA-Format = Document Content Architecture) für ihre Dateien. Die DCA-Dateien haben entweder das Suffix DCA oder RFT. PageMaker hat ein Importfilter für dieses Format, momentan werden allerdings durch Probleme beim Filtern die Zeichen des erweiterten ASCII-Zeichensatzes (unter anderem alle Umlaute) in diesem Format nicht importiert. Notfalls können Sie Ihre Datei auch als reine Textdatei im ASCII-Format placieren.

Exportfilter

Textdateien (nicht jedoch Grafikdateien) können auch exportiert werden. Je nachdem, welche Exportfilter dazu installiert sind, können Sie das Format eines Textverarbeitungsprogrammes wählen.

Um *Textblöcke* aus einer PageMaker-Datei herausnehmen zu können und als eigenständige Textdatei zu speichern, benötigen Sie Exportfilter. Ein ASCII-Filter ist bereits in PageMaker integriert, Filter für das DCA-Format und Microsoft Word werden mitgeliefert. Bis zu 20 Exportfilter können gleichzeitig installiert sein.

Wenn Sie nachträglich nach der Installation von PageMaker weitere Filter installieren wollen, müssen Sie die Filterdatei in das PageMaker-Verzeichnis kopieren. Diese Datei muß das Suffix .FLT tragen. Öffnen Sie dann die Datei WIN.INI mit Hilfe des Notizblockes von Windows. Suchen Sie den Abschnitt

[PMExports], und tragen Sie den neuen Filter nach folgendem Muster ein:

    [PMExports]

    Filtertyp=Filtername, Erweiterung

Dabei ist *Filtertyp* eine Kurzbeschreibung des Filters, *Filtername* ist der Dateiname des Filters ohne Suffix, und *Erweiterung* ist das Suffix, das der zu exportierenden Datei zugeordnet wird.

Fläche

Eine Fläche ist ein Element, das Sie mit einer *Zeichenfunktion* von PageMaker erstellen können. Eine Fläche ist von einem geschlossenen Rahmen (Kreis oder Rechteck) umgeben und ist immer mit einer bestimmten Flächenausführung gefüllt. Eine Fläche ist undurchsichtig, d.h., sie verdeckt darunterliegende Elemente. Der Rahmen kann eine bestimmte Linienausführung haben, die nicht mit der Flächenausführung identisch zu sein braucht. Sie können eine bereits existierende Fläche nachträglich mit einer anderen Flächenausführung versehen, indem Sie den Rahmen markieren und dann im *Menü »Flächen«* die entsprechende Ausführung anwählen.

Ist eine Fläche mit der Ausführung »Papier« versehen, unterscheidet sie sich zunächst kaum von einem ungefüllten Rahmen. Eine papierfarbene Fläche überdeckt aber alles, was unter ihr liegt, während ein Rahmen durchsichtig ist. Wählen Sie bei einer papierfarbenen Fläche als Linienmuster »keine«, haben Sie eine unsichtbare Fläche.

Wenn Sie vermuten, daß sich auf Ihrer Seite eine unsichtbare Fläche befindet, wählen Sie den Befehl »Alles markieren« aus dem Menü »Bearbeiten«. Sie sehen dann genau, was auf Ihrer Seite ist, da auch unsichtbare Flächen durch die Anfasser erkennbar werden.

Flächenausführung

siehe *Menü »Fläche«*

Flattersatz

siehe *Absatzausrichtung*

Fontware

Fontware ist ein eigenständiges Programm, mit dem Sie verschiedene Schriften Ihrer Wahl in Form von ladbaren Zeichensätzen für Ihren *PCL-Drucker* erzeugen können. Mitgeliefert im PageMaker-Paket sind die Schriftfamilien Courier, Dutch, Swiss und Symbol A. Darüberhinaus können Sie noch weitere Schriftfamilien erwerben. Für jeden Schriftschnitt in jedem einzelnen Schriftgrad müssen Sie zwei Dateien erzeugen, einen Druckerzeichensatz für den eigentlichen Ausdruck und einen Bildschirmzeichensatz für die Darstellung am Bildschirm.

Um Fontware benützen zu können, müssen Sie das Programm zunächst auf Ihrer Festplatte installieren. Dabei müssen Sie Ihren Druckertyp und auch Ihren Bildschirmtyp angeben. Anschließend können Sie beliebig viele Schriften erzeugen, die Ihnen dann ohne weiteren Aufwand zur Verfügung stehen. Es ist nicht sinnvoll, einfach alle möglichen Schriften zu erzeugen. Schriften benötigen einerseits eine gewisse Herstellungszeit, zum anderen eine beträchtliche Speicherkapazität. Sie könnten ohne weiteres Ihre Festplatte mit Schriften füllen. Da diese Schriften außerdem in den Drucker geladen werden müssen, wäre auch die Arbeitsspeicherkapazität des Druckers zu schnell überfordert.

Die Erzeugung der verschiedenen Schriften dauert einige Zeit, in der der Computer zu nichts anderem benutzt werden kann. Planen Sie also entsprechend. Sie müssen in mehreren Schritten vorgehen:

- Zuerst installieren Sie das Programm Fontware auf Ihrer Festplatte und stimmen es auf Ihr System ab. Dazu müssen Sie angeben, für welchen Drucker und für welchen Bildschirm Sie Zeichensätze erzeugen wollen.
- Dann können Sie entscheiden, welche Schriftfamilien Sie überhaupt benutzen wollen. Wenn Sie annehmen, daß Sie nur mit Schriften der Familie Dutch und Swiss arbeiten werden, genügt es, wenn Sie diese beiden Schriftfamilien mit den Schriftschnitten Roman, Italic, Bold und Bold Italic installieren.

Nach diesen ersten beiden Schritten ist Ihr "Schriftgenerator" betriebsbereit, und Sie können sich dem eigentlichen Ziel zuwenden:

- Der letze Schritt ist, Schriften in verschiedenen Schriftgraden und Schriftschnitten für die Verwendung mit PageMaker zu erzeugen. Dabei müssen Sie sowohl einen Zeichensatz für die Verwendung mit dem Drucker als auch einen identischen Zeichensatz für die Darstellung am Bildschirm erzeugen. Dabei müssen Sie wissen, welchen Schriftschnitt Sie in welchem Schriftgrad benötigen.

Zeichenvorrat

Je nachdem, welche Zeichenmenge einer Schrift zugrunde liegt, können verschiedene Zeichen dargestellt werden. Zwei häufig verwendete Zeichenmengen sind der *ASCII-* und der *ANSI-Zeichensatz*. Beide Zeichenmengen enthalten neben sämtlichen Buchstaben des Alphabets (in Groß- und Kleinbuchstaben) noch eine Anzahl anderer Zeichen, wie etwa Satzzeichen (also Komma, Ausrufezeichen usw.) und Sonderzeichen wie Symbole für Dollar oder Pfund. Der ASCII-Zeichensatz ist nicht so umfangreich wie der ANSI-Zeichensatz, der auch nützliche Zeichen wie das Copyright-Symbol und das Symbol für eingetragenes Warenzeichen enthält. Verwenden Sie für die Schriftfamilien Courier 10, Dutch und Swiss den ANSI-Zeichensatz. Andere Zeichensätze sind der von HP benutzte Symbol A Math 8, der mathematische Symbole und griechische Buchstaben enthält, oder Symbol A LineDraw, der verschiedene Linienausführungen enthält. Der zur Erstellung eines Zeichensatzes benützte Zeichenvorrat beeinflußt den Dateiumfang: je größer der Zeichenvorrat, desto größer die Datei. Der Schriftgrad beeinflußt ebenfalls den Dateiumfang: je größer der Schriftgrad, desto größer die Datei.

Hier noch ein Hinweis: Das Wort *Zeichensatz* wird oft auf verschiedene Weise verwendet. Zum einen bezieht es sich auf diese eben angesprochene zugrunde gelegte Zeichenmenge wie den ANSI-Zeichensatz, zum andern auf eine bestimmte Datei, die alle Zeichen einer Schriftfamilie mit einem bestimmten Schriftschnitt und einem bestimmten Schriftgrad enthält.

Fontware installieren

Fontware modifiziert die *Datei WIN.INI* in Ihrem Windows-Verzeichnis. Sie können vorsichtshalber eine Sicherungskopie davon anlegen.

Zum Installieren legen Sie die erste Fontware-Diskette ein, wechseln in das entsprechende Laufwerk, schreiben *Fontware* und drücken die Return-Taste. Der Fontware-Schriftzug erscheint, und Sie müssen angeben, ob Sie diesen farbig sehen. Mit dieser Angabe stellt sich Fontware automatisch auf monochrome oder mehrfarbige Darstellung ein. Dann erscheint ein Menü, auf dem Sie »Fontware Installieren« anwählen. Anschließend müssen Sie die Verzeichnisse benennen, in die Fontware Dateien speichern soll. Normalerweise können Sie die vorgeschlagenen Namen (FONTWARE, FONTS und WINDOWS) einfach akzeptieren, es sei denn, Sie haben dem Windows-Verzeichnis einen anderen Namen gegeben. Nun speichert Fontware Dateien auf der Festplatte. Sie werden aufgefordert, die nächste(n) Diskette(n) einzulegen. Außerdem müssen Sie folgende Angaben über Ihr System machen:

Geben Sie an, welchen Bildschirm Sie verwenden und welcher Zeichenvorrat für die Bildschirmanzeige verwendet werden soll. Wählen Sie am besten den ANSI-Zeichenvorrat.

Nun müssen Sie Ihren Drucker angeben, die Formatlage des Papiers (hoch oder quer, Sie können auch Zeichensätze für beide Formatlagen gleichzeitig erstellen lassen) und den Druckerausgang, der verwendet werden soll. Ändern Sie später den Druckerausgang, müssen Sie die Zeichensätze bzw. die Anweisungen für Windows auf diesen neuen Ausgang kopieren.

Als letztes müssen Sie den Zeichenvorrat für den Druckerzeichensatz angeben. Wählen Sie denselben, den Sie für die Bildschirmzeichensätze gewählt haben (ANSI-Zeichenvorrat).

Als nächstes müssen Sie festlegen, welche Schriftarten aus welcher Schriftfamilie Sie erzeugen wollen. Mit Fontware und dem Page-Maker-Paket bekommen Sie vier verschiedene Schriftfamilien: Courier, Dutch, Swiss und Symbol A. Mit dem Befehl »Schriftbilder Hinzufügen/Löschen« müssen Sie nun zunächst die gewünschten Basisschriftarten (Fontware nennt diese *Schriftbilder*) installieren. Dabei werden Sie aufgefordert, die übrigen Fontware-Disketten einzulegen.

Installieren Sie zunächst nur diejenigen Schriftfamilien, mit denen Sie arbeiten wollen. Sie können jederzeit später andere Schriftfamilien hinzufügen. Sie müssen dabei nicht nur die Schriftfamilie angeben, also z.B. Swiss oder Dutch, sondern auch den Schriftschnitt. Dabei haben Sie die Wahl zwischen Roman (normal), Italic (kursiv), Bold (fett) und Bold Italic (fett und kursiv). Wählen Sie zunächst Dutch und Swiss, jeweils Roman und Bold. Damit können Sie bereits vernünftig arbeiten.

Erzeugen der einzelnen Schriften

Bisher haben Sie lediglich Ihr Fontware-Programm betriebsbereit gemacht. Nun sollen Sie die Zeichensätze für die gewünschten Schriftgrade erzeugen. Erzeugen Sie am Anfang nur zwei oder drei Schriftgrade von jeder Schriftfamilie, jeweils in Roman und eventuell Bold, und dazu die entsprechenden Bildschirmzeichensätze. Sie können jederzeit später bei Bedarf neue Schriften erzeugen. Dazu müssen Sie nicht mehr die bisherige Installationsarbeit wiederholen.

Sie brauchen im allgemeinen keinen Druckerzeichensatz für die Schriftschnitte Bold und Bold Italic anzulegen. Diese Schriftschnitte können aus den Dateien für Roman und Italic abgeleitet werden. Es genügt also, wenn Sie nur diese Schriftschnitte für jeden gewünschten Schriftgrad erzeugen. Legen Sie Bildschirmzeichensätze lediglich für den Schriftschnitt Roman an, also nicht für Italic, Bold und Bold Italic.

Fontware starten: Zum Starten von Fontware wechseln Sie zunächst in das Verzeichnis FONTWARE, schreiben *Fontware* und drücken die Return-Taste. Dann erscheint das Fontware-Hauptmenü. Wählen Sie im Fontware-Hauptmenü den Befehl *Schriftbilder Erstellen*. Leider verwendet Fontware denselben Begriff *Schriftbild* für die eigentlichen Zeichensätze und die Schriftfamilien bzw. Schriftschnitte. Das Menü »Schriftbilder Erstellen für Drucker« erscheint. Im linken Feld sehen Sie, welche Schriftfamilien und Schriftschnitte (Fontware spricht von *Schriftstilen*) verfügbar sind. Im rechten Feld müssen Sie angeben, welche Zeichensätze in welchen Schriftgraden erstellt werden sollen.

Druckerzeichensatz erzeugen: Führen Sie den Markierungsbalken auf den ersten gewünschten Schriftschnitt, z.B. Dutch Roman, und drücken die Return-Taste. Jetzt können Sie im rechten Feld den Schriftgrad in Punkten angeben. Um die beiden Schriftgrade 10 und 12 Point zu erzeugen, geben Sie *10 12* ein, wobei ein Leerzeichen zwischen den beiden Zahlen sein muß. Für die Verwendung mit PageMaker können Sie hier zwischen 4 und 127 Points eingeben. Drücken Sie wieder die Return-Taste. Sie können nun den Vorgang für den Schriftschnitt Dutch Italic wiederholen und die beiden Schriftgrade 10 und 12 Point eingeben. Haben Sie alle zu erzeugenden Druckerzeichensätze eingegeben, müssen Sie Bildschirmzeichensätze herstellen.

Bildschirmzeichensatz erzeugen: Dazu drücken Sie die F2-Taste, und das Menü zur Erzeugung von Bildschirmzeichensätzen erscheint. Da PageMaker die Seite eines Dokumentes in verschiedenen Größen darstellen kann, genügt es nicht, wenn Sie dieselben Schriftgrade, also 10 und 12 Punkt, für die Darstellung am Bildschirm erzeugen. Vielmehr sollten Sie gleich eine Palette von Bildschirmzeichensätzen erzeugen, zum Beispiel 6, 8, 9, 10, 11, 12, 14 und 24 Point. Beachten Sie wieder, daß die einzelnen Zahlenwerte durch ein Leerzeichen voneinander getrennt sein müssen. Drücken Sie wieder die Return-Taste. Sie können dieselben Zahlenwerte für den nächsten Schriftschnitt direkt übernehmen, indem Sie die F9-Taste drücken.

Wenn Sie Informationen über die einzelnen Möglichkeiten benötigen, drücken Sie die F1-Taste. Dann wird ein Hilfetext eingeblendet.

Haben Sie alle gewünschten Schriftgrade eingegeben, können Sie
sich durch Drücken der F6-Taste anzeigen lassen, wie lange Ihr
Computer mit dem Herstellen der Zeichensätze beschäftigt sein
wird, und ob Ihre Festplatte genug Speicherkapazität bietet. Ist alles in Ordnung, drücken Sie die F10-Taste, und die Erstellung der
Zeichensätze beginnt. Dabei wird automatisch noch eine weitere
Art von Zeichensätzen erzeugt, die Zeichensatzmaßdateien, in die
allgemeine Informationen abgelegt werden, die Windows für den
Druck braucht. Sie können anschließend sofort mit den neu erzeugten Schriften arbeiten. Diese werden bei Bedarf automatisch in
den Drucker geladen. Wenn Sie im PageMaker-*Menü*
»Typographie« den Befehl »Schriftfestlegung...« wählen, sehen Sie
die soeben erzeugten Zeichensätze in der Liste der verfügbaren
Schriften.

Zeichensatzdateien

Sie brauchen sich um die Zeichensatzdateien nur dann zu küm-
mern, wenn Sie aus Platzgründen selten gebrauchte Dateien auf
Disketten speichern wollen. Sonst aktualisiert das Programm
Fontware die Datei WIN.INI automatisch und PageMaker hat da-
durch sofort Zugang zu den erzeugten Dateien. Bildschirm- und
Druckerzeichensätze unterscheiden sich durch die verwendeten
Suffixe. Bildschirmzeichensätze verwenden .FON, Druckerzei-
chensätze für HP-Drucker verwenden .HPF. Die oben erwähnten,
automatisch erstellten Zeichensatzmaßdateien haben das Suffix
.PFM.

Der Name besteht aus verschiedenen Codes, um Schriftart,
Schriftgrad usw. zu bezeichnen. Im Dateinamen TTPPPCDO.FON
bedeutet:

TT	die Schriftfamilie und der Schriftschnitt
PPP	bei Druckerzeichensätzen der Schriftgrad, bei Bildschirmzeichensätzen die Fassungsnummer
C	der Code des verwendeteten Zeichenvorrates
D	der Code für die Geräteart
O	die Formatlage (H für Hochformat, @ für Querformat)

Dabei haben die Schriftfamilien und Schriftschnitte folgende Codes:

Swiss Roman	AA
Swiss Italic	AB
Swiss Bold	AC

Swiss Bold Italic	AD
Dutch Roman	AI
Dutch Italic	AJ
Dutch Bold	AK
Dutch Bold Italic	AL
Courier 10 Roman	BK
Symbol A	EN

Damit Windows die verschiedenen Dateien findet, wird automatisch die dafür notwendige Information in die Datei WIN.INI aufgenommen. Dabei stehen die Druckerdateien und die Zeichensatzmaßdateien in dem Abschnitt mit der Druckerinformation:

[HPPCL,LPT1]

softfont1 = C:\FONTS\bk0110wh.pfm,C:\FONTS\bk0110w h.hpf

Die Bildschirmzeichensätze dagegen sind im Abschnitt über Zeichensätze:

[fonts]

;Punktgröße 11 In Quellendatei bk000wbp.fon
;installiert

Bitstream Courier 10 Roman bk000wbp = bk000wbp.fon

Fontware von der Festplatte löschen

Wenn Sie mehr freie Speicherkapazität auf Ihrer Festplatte benötigen, können Sie das Fontware-Programm auf Disketten kopieren. Dadurch gewinnen Sie ungefähr 1,5 MByte Speicherraum. Die damit erzeugten Schriften stehen Ihnen weiterhin zur Verfügung. Das Programm Fontware erzeugt verschiedene neue Verzeichnisse auf Ihrer Festplatte. Lediglich Dateien in den Verzeichnissen FONTS und WINDOWS sind Zeichensätze, die Sie zum Arbeiten mit PageMaker benötigen. Dateien in dem Verzeichnis FONTWARE mit seinen Unterverzeichnissen werden dagegen benötigt, um neue Schriftdateien für PageMaker zu erzeugen.

Wenn Sie das Fontware-Programm auf Disketten kopieren wollen, kopieren Sie alle Dateien im Verzeichnis FONTWARE und seinen Unterverzeichnissen. Die Fontware-Basisdateien (mit dem Suffix .BCO für Bitstream Compressed Outline) befinden sich im Verzeichnis FONTWARE\BCO. Die Dateien mit dem Suffix .TDF (für Typeface Descriptor Files) befinden sich im Verzeichnis FONTWARE\TDF. Wenn Sie diese Dateien auf eine Diskette kopiert haben, können Sie die entsprechenden Verzeichnisse auf der Festplatte löschen. Eventuell reicht der dadurch gewonnene Speicherplatz schon aus.

Kopieren einzelner Schriften auf Disketten

Wenn Sie noch mehr freien Speicherplatz auf der Festplatte benötigen, können Sie auch die verschiedenen Zeichensätze, die Sie mit Fontware erzeugt haben, auf Disketten speichern und erst bei Bedarf wieder auf die Festplatte laden.

Zeichensatzdateien, die Sie zum Arbeiten mit PageMaker benötigen, sind in den Verzeichnissen FONTS und WINDOWS gespeichert. Zu einer Schrift gehören dabei immer mehrere Dateien:

- Die Bildschirmzeichensatzdatei (.FON). Sie enthält Informationen für alle Schriftgrade des entsprechenden Schriftschnittes und befindet sich im Verzeichnis WINDOWS.

- Die Druckerzeichensatzdatei (.HPF). Sie befindet sich im Verzeichnis FONTS.

- Die Zeichensatzmaßdatei (.PFM), ebenfalls im Verzeichnis FONTS.

Kopieren Sie alle entsprechenden Dateien aus den Verzeichnissen WINDOWS und FONTS auf eine Diskette. Anschließend können Sie diese Dateien von der Festplatte löschen.

Bildschirmzeichensatz löschen: Löschen Sie die Dateien, indem Sie zunächst die *Systemsteuerung* von Windows aufrufen. Mit dem Befehl »Schriftart löschen...« im Menü »Installation« löschen Sie die Bildschirmzeichensatzdatei im Verzeichnis WINDOWS. Beim Löschen erscheint eine Meldung mit dem Dateinamen. Beachten Sie dabei, daß Sie dann die entsprechende Schrift überhaupt nicht mehr am Bildschirm zur Verfügung haben. Löschen Sie die Bildschirmzeichensätze nur, wenn Sie alle Schriftgrade eines Schriftschnittes nicht mehr benötigen. Die Datei WIN.INI wird automatisch modifiziert.

Druckerzeichensatz löschen: Dazu wählen Sie im PageMaker-Menü *»Datei«* den Befehl »Druckerauswahl...«. Im Dialogfeld wählen Sie »Einstellung...«. Wählen Sie in diesem druckerspezifischen Dialogfeld die Option »Zeichensätze...«. Ein neues Dialogfeld taucht auf. Markieren Sie im linken Feld den zu löschenden Schriftschnitt und wählen Sie dann das Feld »Löschen«. Dadurch werden die beiden zum Schriftschnitt gehörenden Dateien mit dem Suffix .PFM und .HPF gelöscht. Die Datei WIN.INI wird automatisch modifiziert. Dabei wird der oben erwähnte Eintrag

[HPPCL,LPT1]

softfont1 = C:\FONTS\bk0110wh.pfm,C:\FONTS\bk0110wh.hpf

[fonts]

;Punktgröße 11 In Quellendatei bk000wbp.fon
;installiert

Bitstream Courier 10 Roman bk000wbp=bk000wbp.fon

folgendermaßen geändert:

[HPPCL,LPT1]

softfont1 =

[fonts]

;Punktgröße 11 In Quellendatei bk000wbp.fon
;installiert

Bitstream Courier 10 Roman bk000wbp=

Zeichensätze wieder installieren

Um die auf Disketten kopierten Sicherungsdateien wieder zu installieren, müssen Sie wieder in zwei Schritten vorgehen. Ähnlich verfahren Sie auch, wenn Sie andere ladbare Zeichensätze installieren wollen, die nicht mit Fontware erzeugt wurden.

Bildschirmzeichensatz installieren: Dazu wählen Sie in der Systemsteuerung von Windows im Menü »Installation« den Befehl »Schriftart hinzufügen...«. Legen Sie die Diskette mit den Dateien ein, und klicken Sie »OK«. Im auftauchenden Dialogfeld werden alle in Frage kommenden Dateien gezeigt. Wählen Sie die gewünschte Datei an, und klicken Sie »Hinzufügen«. Sobald Sie das vorgeschlagene Zielverzeichnis durch Klicken auf »OK« akzeptiert bzw. entsprechend geändert haben, werden die Datei(en) kopiert. Die Datei WIN.INI wird ebenfalls geändert.

Druckerzeichensatz installieren: Dazu wählen Sie im PageMaker-Menü »Datei« den Befehl »Druckerauswahl...«. Im Dialogfeld wählen Sie »Einstellung...«, und im auftauchenden druckerspezifischen Dialogfeld »Zeichensätze...«. In dem neu auftauchenden Dialogfeld wählen Sie erneut die Option »Zeichensätze...«. In einem weiteren Dialogfeld werden Sie aufgefordert, die Diskette mit den entsprechenden Dateien einzulegen. Klicken Sie anschließend »OK«. Das vorherige Dialogfeld erscheint wieder. Markieren Sie nun im rechten Feld den zu kopierenden Schriftschnitt, und wählen Sie dann das Feld »Hinzufügen...«. Im auftauchenden Dialogfeld werden Sie gefragt, ob die Dateien in das Verzeichnis

C:\PCLFONTS kopiert werden sollen. Diese Dateien sollen aber wieder im Verzeichnis FONTS gespeichert werden. Ändern Sie die Angabe, und klicken Sie »OK«. Dadurch werden die beiden Dateien .PFM und .HPF kopiert. Die Datei WIN.INI wird automatisch modifiziert. Anschließend stehen die Schriftschnitte wieder auf der Festplatte zur Verfügung.

Kopieren von Schriften auf andere Druckerausgänge

Beim Erzeugen von Zeichensätzen mit Fontware müssen Sie nicht nur angeben, welchen Drucker Sie benützen, sondern auch, auf welchem Ausgang dieser Drucker liegt. Die entsprechenden Angaben werden dann in der Datei WIN.INI gespeichert. Wenn Sie später aus irgendeinem Grund den Druckeranschluß wechseln, findet PageMaker diese Zeichensätze nicht mehr.

Sie müssen dann die Zeichensätze nicht noch einmal für den neuen Druckerausgang erzeugen, sondern können die Zeichensatzinformationen auf den neuen Ausgang kopieren und dadurch die bereits erzeugten Zeichensätze wieder verfügbar machen. Wählen Sie dazu im druckerspezifischen Dialogfeld den Befehl »Zeichensätze...«. Dieses Dialogfeld hat wieder ein Menü »System«, in dem Sie den Befehl »Kopie zw. Anschlüssen...« anwählen müssen. Wählen Sie nun in der auftauchenden Liste der möglichen Ausgänge Ihren neuen Ausgang und klicken Sie »OK«. Nun können Sie im linken Feld die entsprechenden Zeichensätze markieren. Wenn Sie die Shift-Taste beim Anwählen drücken, können Sie mehrere Schriften gleichzeitig markieren. Klicken Sie anschließend auf das Feld »Kopieren«. Die gewählten Zeichensätze erscheinen nun im rechten Feld und sind auf dem neuen Ausgang verfügbar. Für jeden Zeichensatz können Sie hier angeben, ob er permanent oder bedarfsbedingt geladen werden soll.

Formatieren

siehe *Druckformat*

Formatmarken

Wenn Sie mit einem Textverarbeitungsprogramm arbeiten, das nicht die Möglichkeit bietet, den Text auf eine gewünschte Weise zu formatieren, können Sie sich der *Druckformate* von PageMaker bedienen. Die einfachste Methode ist es, den Text mit Formatmarken zu versehen. Diese Formatmarken sind Namen von Druckformaten (von PageMaker), die in den Text zwischen spitzen Klammern eingebaut werden. Derselbe Druckformatname muß in der Druckformatliste der PageMaker-Datei stehen. PageMaker liest beim Positionieren des Textes den Formatnamen und versieht den Absatz des Textes mit den Merkmalen aus seiner Druckformatliste. Folgendes müssen Sie dabei beachten:

- Die Formatmarken müssen am Anfang jeden Absatzes des zu positionierenden Textes in spitzen Klammern stehen. Die Formatmarken und die spitzen Klammern erscheinen nicht auf der Seite des PageMaker-Dokumentes.

- Damit PageMaker beim Positionieren nach Formatmarken Ausschau hält, müssen Sie im Dialogfeld »Positionieren...« (Menü »Datei«) die Option »Formatmarken lesen« anwählen.

- Findet PageMaker am Anfang eines Absatzes keine Formatmarke, formatiert er den Absatz genau so wie den vorhergehenden.

- Existiert in der PageMaker-Datei kein entsprechendes Druckformat, legt PageMaker ein neues Druckformat mit dem Namen der Formatmarke an. PageMaker verwendet dazu diejenigen Merkmale, die die Formatmarke selbst aufweist (also meist nicht die gewünschten!).

So kann ein mit einem Textverarbeitungsprogramm erfasster Text aussehen:

```
<Überschrift 2>Subhead 2
<Fließtext>Lorem   ipsum   dolor   sit   amet,
consectetuer adipiscing elit, sed diam nonummy
nibh euismod tincidunt ut laoreet. Ut wisi enim
ad minim veniam, quis nostrud exerci.
<Fließtext>Duis autem vel eum iriure dolor in
hendrerit  in  vulputate  velit  esse  molestie
consequat, vel illum dolore eu feugiat nulla
facilisis at vero eros et accumsan et iusto
odio dignissim.
```

So sieht derselbe Text nach der Placierung in einer PageMaker-Datei aus:

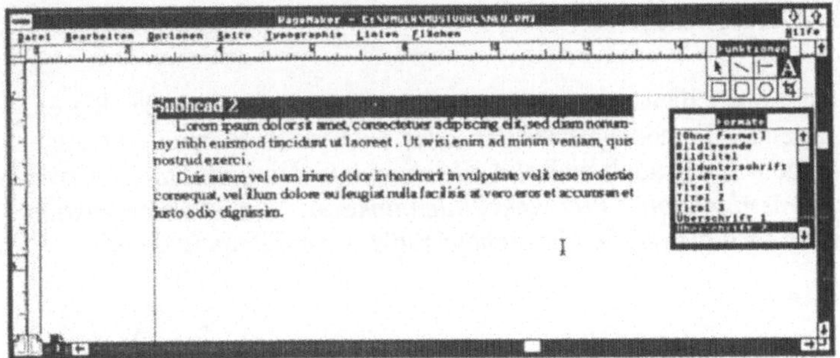

Formelementegrafiken

Diese Art von Grafiken bestehen aus mathematisch beschriebenen Kurven und Linien. Deshalb ist die Dateigröße auch vom Inhalt der Grafik abhängig, nicht nur von der dargestellten Fläche. Je komplexer die Grafik, desto mehr Information muß gespeichert werden. Einfache Liniengrafiken brauchen wesentlich weniger Speicherkapazität als *Bitmustergrafiken*, die dasselbe Bild darstellen. Wenn Sie mit den Zeichenfunktionen von PageMaker arbeiten, erzeugen Sie immer Formelementegrafiken.

Formelementegrafiken, die mit anderen Programmen erzeugt wurden, werden beim Import in eine PageMaker-Datei in der Originalgröße positioniert, können aber in jeder beliebigen Größe stufenlos ohne Qualitätsverlust von PageMaker ausgedruckt werden. Beim Positionieren werden diese Grafiken in eine Windows-Metadatei konvertiert. Diese Datei darf nicht größer als 64 KByte sein, sonst kann PageMaker sie nicht positionieren.

Freiwinkellinienfunktion   Shift + F2

Mit dieser Zeichenfunktion können Sie Linien ziehen, deren Winkel oder Neigung frei wählbar ist. Linien sind immer gerade. Die Stärke und Ausführung der Linien bestimmen Sie über das *Menü »Linien«*.

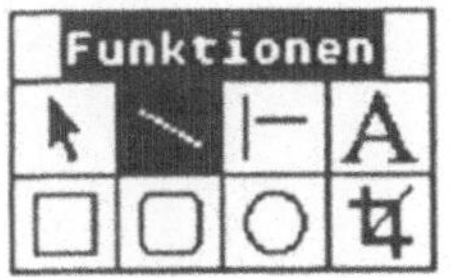

Mauszeigerform +

Funktionen

PageMaker bietet Ihnen verschiedene Funktionen, mit der Sie existierende Elemente bearbeiten oder auch neue Elemente erzeugen können. Es handelt sich um *Abschneidefunktion, Editor, Festwinkellinienfunktion, Freiwinkellinienfunktion, Kreisformenfunktion, Rechteckfunktion, Sonderrechteckfunktion* und *Zeigefunktion*.

Funktionenfenster

Das Funktionenfenster ist ein Werkzeugkasten. Jedes der acht Felder zeigt ein Sinnbild für eine bestimmte Funktion, mit der Sie eine bestimmte Aufgabe ausführen können. Je nach gewählter Funktion ändert sich auch die Form des Mauszeigers. Funktionen werden gewählt, indem Sie einfach mit der Maus auf dem betreffenden Feld klicken oder den entsprechenden Tastaturbefehl (Shift und Funktionstasten F1 bis F8) eingeben. Die Standardposition des Funktionenfensters ist am rechten oberen Rand des Arbeitsfensters. Das Fenster ist frei beweglich, und Sie können es bei seiner Titelleiste an jede gewünschte Stelle des Bildschirms ziehen. Mit dem Befehl »Funktionen« im *Menü »Optionen«* kann es ganz ausgeblendet werden.

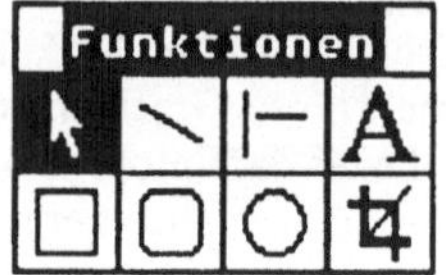

Fußnoten

siehe *Seitenumbruch*

Fußsteg

siehe *Steg*

Fußzeile

Sie können eine Fußzeile, die auf jeder Seite Ihres Dokumentes unverändert erscheinen soll, als *Standardelement* auf einer *Standardseite* anlegen.

Generieren von Zeichensätzen

siehe *Fontware*

Gestaltungsraster

Darunter versteht man ein Layout mit gleichbleibenden Gestaltungselementen, die z.B. *Standardelemente* oder *Hilfslinien* sein können. An diesem Raster kann man sich beim Placieren von Text oder Grafiken orientieren. Ein solches Gestaltungsraster kann in einer *Mustervorlage* gespeichert sein.

Geviert

Eine typographische *Maßeinheit*, die von der Größe der verwendeten Schrift abhängig ist. Ein Geviert entspricht bei PageMaker dem Schriftgrad, bei einer 12 Point Schrift ist ein Geviert also 12 Point breit. Dieses Maß taucht in PageMaker beim *Unterschneiden* und *Sperren* auf. Sie können Buchstabenpaare um 1/48 Geviert auseinander- oder zusammenrücken und auch genauso ausdrucken.

Grafikdateiformate

Nahezu jedes Grafikprogramm hat ein eigenes Dateiformat. Grundsätzlich gibt es die Unterscheidung in *Bitmustergrafik* (Raster) und *Formelementegrafik* (Vektor, objektorientiert). Bitmustergrafiken können in bestimmten Programmen durch Autotracing (Abpausfunktion) in Vektorformat übertragen werden, umgekehrt ist dies nicht möglich.

Bitmustergrafiken sind als Reihe von Pixeln beschrieben, Suffixe der Dateien sind u.a. .TIF, .TGA und .PCX.

Vektorbilder werden als Zeichenanweisung von einzelnen Objekten gespeichert. Diese Art Grafiken kann ohne Qualitätsverlust vergrößert werden.

.CGM (Computer Graphics Metafile): Obwohl dieses Format als ein maschinen- und systemunabhängiges Standardformat konzipiert wurde, gibt es mehrere verschiedene Versionen davon.

.DRW (Micrografx DRAW): von Micrografx entwickelt. Dieses Format hat gegenüber dem .WMF-Format von Windows nicht die Beschränkung auf 64 KByte.

.DXF (Data Exchange File): Von Autodesk entwickeltes Format, wird von vielen CAD-Programmen verwendet. Der Dateiumfang ist sehr groß, deshalb wurde eine kleinere, binäre Version (.DXB) entwickelt.

.EPS (Encapsulated PostScript): Wurde entwickelt, um Bilder von Zeichenprogrammen in Desktop-Publishing-Programme zu übertragen. Es handelt sich dabei um eine Kombination aus Bitmuster- und Vektorinformation. Der Vektorteil wird in PostScript beschrieben, das Bitmusterbild, das auf dem Bildschirm erscheint, ist im TIF-Format. Das Ausgabegerät muß PostScript-fähig sein.

HPGL (Hewlett Packard Graphics Language): Eines der ältesten Formate und deshalb weit verbreitet. Es wurde für die Verwendung mit Plottern entwickelt.

.PIC (Lotus Picture File): Dieses Format wurde für Lotus 1-2-3 entwickelt und ist für komplexe Grafiken nicht geeignet.

.WMF (Windows Metafile Format): Dieses Format wurde entwikkelt, um Grafikinformation zwischen Windows-Programmen austauschen zu können. Es kann nur mit Windows-Programmen verwendet werden und hat durch die Zwischenablage eine Größenbeschränkung von 64 KByte.

Grotesk-Schriften

siehe *Schrift*

Grundbild

Sobald Sie PageMaker einschalten, erscheint auf dem Bildschirm das Grundbild. Die Farben des Hintergrundes und der verschiedenen Teile des Arbeitsfensters wie Menütext, Rolleiste usw. können Sie mit Hilfe der *Systemsteuerung* von Windows Ihren Wünschen entsprechend verändern. Ganz oben im Grundbild befindet sich die PageMaker-Titelleiste, darunter die Menüleiste, aus der Sie die verschiedenen Menüs mit den Befehlen herunterziehen können. Wenn Sie eine Datei geöffnet haben, erscheint das Arbeitsfenster. Vom Grundbild werden die *Standardvorgaben* eingestellt.

Grundspeicher

siehe *Leistungsoptimierung*

Halbautomatischer Textanschluß

siehe *Textanschluß*

Handmarke

Eine Handmarke oder Daumenregister ist eine farbige (schwarze) Fläche, die auf dem Außensteg sitzt. Der Seitenrand bildet den äußeren Rand. Eine solche Fläche, die an den Seitenrand stößt, nennt man angeschnitten. Sie dient z.B. der leichteren Findung von Kapiteln. Beachten Sie, daß solche angeschnittenen Flächen von einem Drucker normalerweise nur dann gedruckt werden können, wenn das *Papierformat* des Druckers größer ist als das Seitenformat Ihres Dokumentes. Damit die Handmarke auf jeder Seite erscheint, müssen Sie diese auf die *Standardseite* setzen.

Handshake

Handshake nennt man den Vorgang (Protokoll), der von einem Computer und z.B. von einem Drucker verwendet wird, um den Informationsaustausch zwischen beiden Geräten zu steuern.

Sie können für seriell angeschlossene Drucker im Menü »Einstellung« der *Systemsteuerung* den Befehl »Datenübertragungsanschluß...« wählen. In diesem Dialogfeld kann der Handshake als Software oder Hardware festgelegt werden. Wählen Sie die Option, die in Ihrem Druckerhandbuch angegeben wird. Meist wird die Option »Hardware« gebraucht.

Helligkeit

siehe *Bild bearbeiten*

Helvetica

siehe *Schrift*

Hilfe-Funktion   F1

Der Befehl »Hilfe-Rubriken…« im *Menü »Hilfe«* blendet eine Liste mit verschiedenen Rubriken ein. Zweimaliges Klicken auf einer dieser Rubriken blendet ein neues Dialogfeld ein, in dem Sie ein Unter-Thema zu der gewählten Rubrik anklicken können. Dann erscheint ein Fenster mit einer kurzen Erläuterung zum gewählten Thema.

Hilfslinien

Sie können mit der Maus aus den *Linealen* Hilfslinien hervorziehen, indem Sie auf das waagerechte oder senkrechte Lineal zielen und bei gedrückter Maustaste vom Lineal wegfahren. Die Position einer waagerechten Hilfslinie wird im senkrechten Lineal angezeigt und umgekehrt. Diese Hilfslinien erscheinen nur auf dem Bildschirm und werden nicht gedruckt. Sie können bis zu 40 senkrechte und waagerechte Hilfslinien pro Seite anlegen. Sie dienen der leichteren und genaueren Placierung von Elementen auf einer Seite. Wenn der Befehl »Positionierhilfe« im *Menü »Optionen«* aktiv ist, werden die Hilfslinien gewissermaßen magnetisch und ziehen Elemente an, die in die unmittelbare Nähe der Hilfslinie bewegt werden.

Sie können die Hilfslinien nachträglich verschieben, indem Sie diese anwählen und auf die gewünschte Position ziehen. Bereits placierte Elemente werden dabei nicht mitbewegt. Mit dem Befehl »Hilfslinien festsetzen« im Menü »Optionen« werden die Hilfslinien unverschiebbar gemacht.

Hilfslinien können im *Menü »Bearbeiten«* im Dialogfeld »Vorgaben wählen…« auf eine *Elementebene* vorne oder hinten gestellt werden. Die Standardvorgabe ist vorne. Zum Löschen ziehen Sie die Linien wieder zurück ins Lineal. Beim Ausblenden der Lineale bleiben bereits gesetzte Hilfslinien bestehen.

Hurenkind

In der Setzersprache nennt man so die letzte Zeile eines Absatzes, wenn diese zur ersten Zeile einer neuen Seite wird. Hurenkinder sollten vermieden werden.

Importfilter

siehe *Filter*

Importierbare Formate

siehe *Filter*

Importieren

siehe *Positionieren von Dateien*

Initial

Ein Initial ist ein vergrößerter Schmuckbuchstabe und dient zur Hervorhebung eines Kapitel- oder Abschnittanfangs. Leider können Sie mit der *Konturenführung* von PageMaker den Text nicht automatisch um den vergrößerten Buchstaben fließen lassen, da PageMaker auch einen einzelnen vergrößerten Buchstaben nach wie vor als Buchstaben und nicht als Grafik betrachtet. Dies ist nur möglich, wenn Sie einen einzelnen Buchstaben als Grafik aus einem Zeichenprogramm importieren.

Sie müssen deshalb manuell vorgehen. Löschen Sie den zu vergrößernden Buchstaben vom Wortanfang. Schreiben Sie den Buchstaben in einem eigenen *Textblock*, und versehen Sie ihn mit dem gewünschten großen Schriftgrad. Schieben Sie ihn dann mit dem Mauspfeil an die gewünschte Stelle am Zeilenanfang. Nun müssen Sie den Text zeilenweise um das Initial anordnen. Dazu machen Sie den Textblock unmittelbar rechts vom Initial mit dem Mauspfeil schmäler. Verkürzen Sie dann den markierten Textblock, indem Sie die untere Begrenzung nach oben bis auf die Höhe des Initials schieben. Dann laden Sie den Text wieder in den Mauspfeil, indem Sie auf dem unteren Anfasser des markierten Textblockes klicken. Positionieren Sie nun den Text Zeile für Zeile in der richtigen Breite. Ziehen Sie dazu Hilfslinien aus dem senkrechten Lineal.

Damit der Durchschuß zwischen den Textblöcken nicht verändert wird, können Sie eine *Hilfslinie* aus dem waagerechten *Lineal* ziehen. Legen Sie diese auf die untere Begrenzungslinie eines markierten Textblockes. Wenn Sie jetzt einen neuen Textblock unter dem ersten Textblock neu positionieren, legen Sie dessen obere Begrenzungslinie auf dieselbe Hilfslinie. Sie können auch die *Linealpositionierhilfe* benützen. Oft werden nach einem Initial die ersten drei Wörter in Kapitälchen gesetzt.

Kapitälchen

siehe *Schrift*

Kolonnensatz

Eine Form des Tabellensatzes, bei dem die einzelnen Spalten einer Tabelle einen eigenen *Textblock* bilden. Diese Textblöcke müssen in PageMaker einzeln an entsprechende Positionen gesetzt werden.

Wenn es sich um viele, doch relativ kurze Textblöcke handelt, dauert das Positionieren relativ lange. Oft ist es besser, die verschiedenen Tabellenspalten zusammenhängend nacheinander in einer einzelnen Datei zu erfassen. Sie müssen dann nur eine Datei positionieren, diese aber in PageMaker in verschiedene eigenständige Textblöcke zerlegen. Die Textblöcke schieben Sie dann an die entsprechenden Positionen.

Kontrast

siehe *Bild bearbeiten*

Konturenführung

Siehe Befehl »Konturenführung...« im *Menü »Optionen«*

Konventioneller Speicher

siehe *Leistungsoptimierung*

Konvertieren von PageMaker-Dateien

Sie können mit der PageMaker-Version 3.0 Dateien öffnen, die mit der Version 1.0a erstellt wurden. Dabei wird eine namenlose Kopie der ursprünglichen Datei hergestellt. Das Original bleibt unverändert erhalten. Der Umfang der neuen Datei ist immer etwas höher als der Umfang der alten Datei. Wenn Sie den benötigten Dateiumfang minimal halten wollen, speichern Sie die konvertierte Datei mit dem Befehl »Speichern unter…« (*Menü »Datei«*). Dabei werden alle Zwischenspeicherungsfassungen gelöscht, der Dateiumfang wird dadurch geringer.

Auch mit der Macintosh-Version 3.0 von PageMaker erstellte Dateien können mit der PC-Version bearbeitet werden. Mit früheren Mac-Versionen erstellte Dateien müssen zuerst in die Mac-Version 3.0 übertragen werden. Dann muß die Datei vom Macintosh auf den PC übertragen werden. Dies ist entweder mit einem Datenübertragungsprogramm (Maclink, Kermit etc.) oder mit entsprechender Hardware (Daynafile, Copy-II-PC-Board) möglich. Mit der Satzdatei verknüpfte gescannte Bilder müssen gesondert übertragen werden.

Formelementegrafiken können nicht vom Macintosh auf einen PC übertragen werden. Text mit den Formatierungsmerkmalen und *Druckformatvorlagen* sowie mit PageMaker erzeugte Bilder werden übertragen, ebenso Bitmustergrafiken und EPS-Bilddateien.

Falls die Macintosh-Datei auf einen anderen Reindrucker ausgelegt wurde, werden Schriftfestlegungen nicht übertragen. Da der Macintosh einen anderen Zeichensatz verwendet als der PC, können nicht alle Sonderzeichen wiedergegeben werden. Prüfen Sie die konvertierte Datei sorgfältig auf Abweichungen.

Konzeptdrucker

siehe *Drucker*

Kopfsatz

Wenn Sie einen PageMaker-Druckauftrag an einen PostScript-Drucker senden, wird vorher als Standardvorgabe jedesmal ein

Kopfsatz in den Drucker geladen. Der Kopfsatz besteht aus einer Anzahl von PostScript-Befehlen, die den Drucker auf den Empfang von Daten vorbereiten. Das Laden bzw. Senden dieser Datei vom Computer zum Drucker dauert etwa 30 Sekunden. Sie können den Kopfsatz auch nur einmal zu Beginn der Arbeit in den Drucker laden. Damit sparen Sie pro Druckvorgang eine halbe Minute Zeit. Falls Sie aber PostScript-Dateien vorbereiten, um sie von einem Serviceunternehmen ausdrucken zu lassen, sollten Sie diese Methode nicht wählen.

Der Kopfsatz bleibt solange geladen, bis der Drucker ausgeschaltet wird. Wenn der Drucker ständig eingeschaltet bleibt, müssen Sie ihn nicht wieder laden. Falls der Kopfsatz bereits geladen war und Sie laden ihn nochmals, erhalten Sie eine entsprechende Meldung. Folgendes ist dabei zu beachten:

- Sie müssen zunächst den Kopfsatz in eine Datei speichern. Wählen Sie dazu aus dem *Menü »Datei«* den Befehl »Druckerauswahl...«. In dem Dialogfeld wählen Sie den entsprechenden Drucker und klicken dann auf dem Feld »Optionen...«.

- In diesem Dialogfeld »PostScript Druckoptionen...« wählen Sie die Option »Kopfsatz: Schon geladen« und klicken auf dem Feld »Kopfsatz...«.

- Es erscheint das Dialogfeld »Kopfsatzoptionen«. Wählen Sie hier »Datei...« und geben Sie im nächsten Dialogfeld als Suchweg für die Kopfsatzdatei das Verzeichnis und den Namen dieser Datei ein. Der Name ist beliebig, wird aber meist PSPREP.TXT genannt. Geben Sie also C:\PM\PSPREP.TXT ein, falls Sie PageMaker im Verzeichnis PM gespeichert haben. Der Kopfsatz wird nun in der Datei PSPREP.TXT gespeichert.

Zum Laden des Kopfsatzes gibt es zwei Möglichkeiten. Entweder Sie setzen den Ladebefehl in Ihre AUTOEXEC.BAT-Datei. Oder Sie geben den Ladebefehl manuell ein. In beiden Fällen muß der Drucker aber immer bereits eingeschaltet sein, da er sonst keine Daten empfangen kann.

Wenn Ihr Drucker auf dem Ausgang COM1: liegt, fügen Sie die Zeile

        COPY C:\PM\PSPREP.TXT COM1:

entweder in die AUTOEXEC.BAT-Datei ein. Wenn Sie den Computer das nächste Mal einschalten, wird automatisch die Kopfsatzdatei zu dem an COM1: angeschlossenen Drucker kopiert. Sonst geben Sie einfach denselben Befehl von der DOS-Ebene ein.

Kopfsteg

siehe *Steg*

Kopien von Seitenelementen herstellen

Sie können Kopien eines Elementes herstellen, wenn Sie das markierte Element in die Zwischenablage kopieren (Ctrl + Ins) und
beliebig oft in Ihre Datei einfügen (Shift + Ins). Siehe *Menü
»Bearbeiten«*, Befehle »Kopieren« und »Einfügen«.

Korrekturfunktion

PageMaker besitzt keine orthographische Korrekturfunktion. Sie
müssen den Text nach der Erfassung in einem Textverarbeitungsprogramm korrigieren.

Kreisformenfunktion   Shift + F7

Mit dieser Zeichenfunktion können Sie Kreisformen zeichnen.
Kreisformen sind Ovale und Kreise. Exakte Kreise zeichnen Sie,
indem Sie dabei die Shift-Taste gedrückt halten. Die Linienstärke
bestimmen Sie über das *Menü »Linien«*.

Mauszeigerform   +

Ländereinstellungen

In der *Systemsteuerung* von Windows erreichen Sie über das Menü »Optionen« das Dialogfeld »Ländereinstellungen«. Hier können Sie länderspezifische Zeit- und Datumsschreibweisen sowie Währungseinheiten wählen.

Leistungsoptimierung

Die einfachste Art, Leistung und die Geschwindigkeit von Page-Maker zu beeinflussen, ist, den Arbeitsspeicher Ihres Computers zu erweitern. Das verwendete Betriebssystem DOS kann lediglich einen Arbeitsspeicher von 640 KByte adressieren. Dies ist der konventionelle oder Grundspeicher. Die älteren Intel-Prozessoren 8086 und 8088 können Speicher bis zu einem MByte adressieren. Der Raum zwischen 640 KByte und 1 MByte ist reservierter Speicher.

Die neueren Intel-Prozessoren 80286 und 80386 können selbst mehr als 1 MByte Speicher adressieren. Man spricht dann von Erweiterungsspeicher. Um die Beschränkung des adressierbaren Arbeitsspeichers von DOS zu umgehen, wurden von den Software-Firmen Lotus, Intel und Microsoft (LIM) mehrere Vorschriften (Expanded Memory Specification=EMS) für Erweiterungskarten für den sogenannten Ergänzungsspeicher entwickelt. Dabei wird die Seitenwechseltechnik benutzt, mit der Teile (oder Seiten) des Ergänzungsspeichers in einen unbenutzten Teil des reservierten Speichers eingelesen werden. Der Ergänzungsspeicher kann von Windows nur dann genutzt werden, wenn die Erweiterungskarte der neuesten LIM-Spezifikation EMS 4.0 entspricht. Wenn Sie eine EMS-Erweiterungskarte mit der nötigen Software installiert haben, benützt Windows den Ergänzungsspeicher automatisch.

Um die Speicherart und -kapazität zu prüfen, verwenden Sie das mit PageMaker mitgelieferte Programm SPEICHER.EXE. Wechseln Sie dazu in das PageMaker-Verzeichnis und schreiben Sie SPEICHER, dann drücken Sie die Return-Taste. Am Bildschirm wird daraufhin die Art und der Umfang Ihres Arbeitsspeichers angezeigt. Wenn Sie die Meldung "Treiber für Erweiterungsspeicher Version 4.0" sehen, ist Ihr Ergänzungsspeicher mit LIM 4.0 kompatibel. Wird eine andere Fassung angegeben, können Sie den Ergänzungsspeicher nicht für Programme nutzen, die unter Windows laufen. Beim Arbeiten mit PageMaker bietet dieser Speicher Ihnen also keine Vorteile. Setzen Sie sich in diesem Fall mit dem Hersteller der Karte in Verbindung. Von ihm können Sie vielleicht ein mit LIM 4.0 kompatibles Speicherverwaltungsprogramm erhalten.

Sowohl der Erweiterungs- als auch der Ergänzungsspeicher kann softwaremäßig auf zwei Arten angesprochen werden, mit Disk-Caching (auch Plattenpufferung genannt) und als RAM-Disk. Beim Disk-Caching wird Information von der Festplatte im Speicher behalten. Wird diese Information ein zweites Mal verlangt, wird sie statt von der Festplatte direkt aus dem Speicher geholt. Das Programm muß dadurch nicht so oft auf die langsame Festplatte zugreifen. Das mit PageMaker mitgelieferte Programm SMARTDRV.SYS ist dafür geeignet. Das beste Ergebnis beim Disk-Caching wird mit Ergänzungsspeicher erzielt. Bei einer RAM-Disk wird ein Teil des Speichers als Laufwerk behandelt. Wenn die Programmdateien oder ein Teil davon in dieses Pseudolaufwerk gespeichert werden, wird die hohe Zugriffsgeschwindigkeit des Speichers ausgenützt. Das mit PageMaker mitgelieferte Programm RAMDRIVE.SYS ist dafür geeignet. Wenigstens 800 KByte sollten einer RAM-Disk zugeteilt werden, besser noch 1,5 MByte.

Am einfachsten ist die Verwendung von SMARTDRV.SYS für eine Disk-Cache, da Sie dabei nicht angeben müssen, welches Programm beschleunigt werden soll. SMARTDRV ist im allgemeinen auch ein wenig schneller als eine RAM-Disk. Eine RAM-Disk setzt eine gewisse Kenntnis von DOS voraus und beschleunigt nur die Programme, die speziell in das Pseudolaufwerk geladen werden.

SMARTDRV

Prüfen Sie zunächst mit dem Program SPEICHER, wie groß der verfügbare Speicher ist. Prüfen Sie dann, ob sich die Datei SMARTDRV.SYS im Windows-Verzeichnis befindet. Kopieren Sie diese sonst in dieses Verzeichnis. Entscheiden Sie, ob Sie Erweiterungs- oder Ergänzungsspeicher benützen wollen.

Für die Nutzung des **Erweiterungsspeichers** muß in die Datei CONFIG.SYS folgende Zeile aufgenommen werden:

    FILES=20

    BUFFERS=10

    DEVICE=SMARTDRV.SYS [Kapazität]

wobei Sie für [Kapazität] die oben mit dem Programm SPEICHER ermittelte Zahl einsetzen können. Setzen Sie nichts ein, erhält SMARTDRV die Standardvorgabe von 256 KByte. Die Zeile

BUFFERS=10 bringt für SMARTDRV die besten Ergebnisse. Speichern Sie die Datei CONFIG.SYS, und starten Sie Ihr System neu.

Wollen Sie den **Ergänzungsspeicher** benützen, müssen zunächst die Erweiterungskarte und der Treiber für den Speicher installiert sein.

Ihre CONFIG.SYS Datei sollte so aussehen:

    FILES=20

    BUFFERS=10

    DEVICE=EMM.SYS

    DEVICE=SMARTDRV.SYS [Kapazität] /A

Legen Sie hier keine Kapazität fest, erhält SMARTDRV den gesamten verfügbaren Ergänzungsspeicher. Der optionale Schalter /A bestimmt, daß der Speicher als Ergänzungsspeicher benutzt wird. Dazu muß der Treiber für den Ergänzungsspeicher (EMM.SYS) zuerst geladen werden. Deshalb muß zuerst die entsprechende Zeile in der Datei CONFIG.SYS stehen. Speichern Sie die geänderte Datei CONFIG.SYS, und starten Sie Ihr System neu.

RAMDRIVE

Für dieses Programm sollten Sie mindesten 800 KByte oder besser 1,5 MByte zur Verfügung haben. Das Programm sollte sich ebenfalls im Windows-Verzeichnis befinden. Fügen Sie folgende Angaben in die Datei CONFIG.SYS ein:

    FILES=20

    BUFFERS=30

    DEVICE=[EMM] [EXP]

    DEVICE=RAMDRIVE.SYS [Kapazität]/E

Hierbei ist [EMM] der Name des Treiberprogramms für den Speicher, [EXP] die Gesamtspeicherkapazität des Ergänzungsspeichers, [Kapazität] dagegen die Kapazität, die der RAM-Disk zugewiesen werden soll.

Mit dem Schalter /E legen Sie Erweiterungsspeicher fest. Wählen Sie stattdessen /A, legen Sie Ergänzungsspeicher fest.

Als nächstes müssen Sie die Programmdateien in das Pseudolaufwerk laden. Je größer der verfügbare Speicher, desto mehr Dateien können darin geladen werden. Es muß mindestens Raum für die Datei PM.EXE sein. Diese Datei umfaßt ca. 775 KByte. Sie sollte auf jeden Fall zuerst in die RAM-Disk kopiert werden. Am einfachsten richten Sie sich dafür eine Batch-Datei ein, mit der automatisch mit dem COPY-Befehl die Dateien in das Pseudolaufwerk kopiert werden, also COPY PM.EXE D:, wenn die RAM-Disk die Bezeichnung D: hat. Der restliche verfügbare Raum auf der RAM-Disk sollte zunächst den Bildschirmzeichensätzen zugeteilt werden, dann der Reihe nach den Dateien WIN200.OVL, WIN200.BIN, ROMAN.FON und MODERN.FON. Bei den Bildschirmzeichensätzen kommt es darauf an, mit welchen Schriften Sie arbeiten. Wenn Sie nicht sicher sind, um welche Dateinamen es sich handelt, können Sie die Systemsteuerung von Windows aufrufen. Wählen Sie im Menü »Installation« den Befehl »Schriftart löschen...«. Markieren Sie in dem Dialogfeld die Schrift, mit der Sie normalerweise arbeiten. In der rechten oberen Ecke des Dialogfeldes wird der Dateiname der markierten Schrift angegeben. Notieren Sie sich die entsprechenden Namen, und verlassen Sie das Dialogfeld, indem Sie »Abbrechen« anklicken. Löschen Sie nicht versehentlich Dateien.

WIN.INI aktualisieren

Nun können Sie noch die Datei WIN.INI aktualisieren. Am wichtigsten sind die folgenden Zeilen im Abschnitt [PageMaker]:

Defaults =C:\PM\PM.CNF

User dictionary=C:\PM\PMDTBEN.TXT

Help=C:\PM\PM.HLP

Dadurch werden diese Dateien auf jeden Fall auf der echten Festplatte C: gespeichert, statt im Pseudolaufwerk D:. Da das Pseudolaufwerk nur ein temporärer elektronischer Speicher ist, verliert er beim Ausschalten des Gerätes alle Daten.

Lineale

Sobald Sie ein PageMaker-Dokument geladen haben, befinden sich am oberen und linken Rand des *Arbeitsfensters* das horizontale und vertikale Lineal. Beide entsprechen im Maßstab der dargestellten Seite. Lineale können im *Menü »Optionen«* ein- oder ausgeblendet werden, im *Menü »Bearbeiten«* können Sie mit dem Befehl »Vorgaben wählen...« die *Maßeinheit* festlegen.

Mit den beiden Linealen können Sie die Größe eines Rechtecks bzw. jedes anderen Seitenelementes exakt messen. Die Standardvorgabe der Maßeinheit ist Millimeter. Zum Messen z.B. eines Rechtecks zielen Sie mit der Spitze des Mauspfeils auf einen Eckpunkt des zu messenden Rechtecks. Die Position des Mauspfeils wird durch eine Linie sowohl auf dem senkrechten als auch auf dem waagerechten Lineal angezeigt. Lesen Sie die von der Mausposition bestimmten Werte auf dem Lineal ab.

Zur einfacheren Messung können Sie den Nullpunkt der Lineale verschieben und an jeden beliebigen Punkt im Arbeitsfenster legen. Links oben im Arbeitsfenster, wo die beiden Lineale aneinanderstoßen, befindet sich ein kleines Quadrat, die Nullpunktmarkierung. Daraus können Sie bei gedrückter Maustaste ein Fadenkreuz ziehen und es auf eine beliebige Stelle auf der *Montagefläche* setzen. Zum Messen können Sie nun den Wert direkt am Lineal ablesen. Die Position des Nullpunktes kann beliebig oft verändert werden. Die vorgegebene Standardposition des Nullpunktes ist die Stelle, wo sich die linke und die obere Seitenkante Ihres Dokumentes treffen. Wenn Sie den Nullpunkt gegen versehentliches Verschieben sichern wollen, wählen Sie in dem Menü »Optionen« den Befehl »Nullpunktfestsetzung«. Der Nullpunkt kann erst wieder verschoben werden, wenn der Befehl abgewählt ist.

Linealpositionierhilfe

Wenn Sie die Option »Linealpositionierhilfe« im *Menü »Optionen«* angewählt haben, werden alle Elemente beim Positionieren oder Verschieben an gedachten Verlängerungen der Einheitsteilstriche des senkrechten Lineals ausgerichtet. Je nach gewählter Maßeinheit im senkrechten Lineal können Sie damit eine genaue Ausrichtung der zu positionierenden Elemente erreichen.

Wählen Sie als Einheit des senkrechten Lineals (*Menü »Bearbeiten«*, Befehl »Vorgaben wählen...«) für das Ausrichten verschiedener Textblöcke den Durchschuß des zu positionierenden Textes in Point (Option »Vorgabe«). Dadurch werden alle Textblöcke automatisch einheitlich so ausgerichtet, daß der Durchschuß auch zwischen zwei Textblöcken konstant bleibt.

Linien

Mit den *Zeichenfunktionen* von PageMaker können Sie Linien zeichnen. Sie können eine bereits gezeichnete Linie (oder auch ein Rechteck bzw. einen Kreis) markieren und mit dem Mauspfeil bewegen oder, wenn Sie an einem Anfasser ziehen, dehnen.

Eine markierte Linie kann mit einem Linienformat versehen werden, indem Sie das entsprechende Format im *Menü »Linien«* anwählen. Hier finden Sie eine Liste mit allen Linienstärken und Ausführungen, die Ihnen für die Zeichenfunktionen von PageMaker zur Verfügung stehen.

Wählen Sie ein Linienformat, ohne daß eine Linienzeichnung markiert ist, wird dieses Format zur *Standardvorgabe*. Ist eine Linie markiert, bezieht sich das gewählte Format nur auf die markierte Linie. Durch das Format »Keine« können Sie unsichtbare Linien zeichnen. Sinnvoll ist das, wenn Sie ein Formelement ohne eine Begrenzungslinie zeichnen wollen. Ein Formelement ist ein mit einer bestimmten Flächenausführung, etwa einem Raster, gefüllter Kreis oder ein Rechteck.

Ist der Befehl »Negativ darstellen« angewählt, werden dunkle Linien hell und helle Linien dunkel gedruckt. Interessant ist das bei Doppellinien oder unterbrochenen Linien. Durch erneutes Anwählen wird der Befehl aufgehoben.

Löschen

Sie können markierte Elemente durch Betätigen der Del-Taste bzw. durch Anwählen des Befehls »Löschen« im *Menü »Bearbeiten«* löschen.

Bei beiden Löschmöglichkeiten ist das gelöschte Element beinahe unwiederbringlich gelöscht. Sie können es nur retten, wenn Sie sofort als nächsten Arbeitsschritt im Menü »Bearbeiten« den Befehl »Rückgängig« wählen.

Wenn Sie das zu löschende Element vielleicht noch einmal brauchen, wählen Sie im Menü »Bearbeiten« den Befehl »Ausschneiden«. Dadurch wird das gelöschte Quadrat nicht gänzlich vernichtet, sondern in die *Zwischenablage* gelegt. Die Zwischenablage hält ein Element solange, bis Sie erneut etwas löschen. Dann wird das neu gelöschte Element in die Zwischenablage gelegt und verdrängt den bisherigen Inhalt.

LPT 1

siehe *Ausgang*

Markieren

Um ein beliebiges Element bearbeiten zu können, muß es vorher markiert sein. Sie markieren ein Element durch Anklicken mit dem Mauspfeil (in der Pfeilfunktion). Dadurch erhält das Element Anfasser. Durch Ziehen mit der Maus an diesen Anfassern können Sie die Proportionen des Elementes verändern. Wollen Sie ein Bildelement vergrößern und die Proportionen erhalten, drücken Sie die Shift-Taste.

Handelt es sich bei dem angewählten Element um einen *Textblock*, erscheinen zwei Begrenzungslinien mit Griffen (sie werden auch Textblockanfasser genannt) und Endpunkten, den Anfassern, ober- und unterhalb des markierten Textblockes.

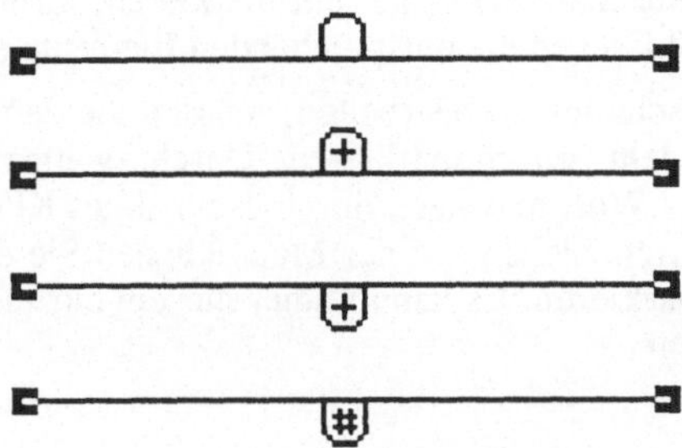

Die Griffe können entweder leer sein oder ein Plus- oder ein Nummernzeichen (+, #) enthalten. Ein leerer oberer Griff steht für den Anfang des Textblockes. Ein Nummernzeichen bedeutet, daß das Ende des Textblockes dargestellt ist, ein Pluszeichen, daß der Textblock mit einem weiteren Textblock zusammenhängt. Durch Ziehen mit der Maus an den Anfassern kann die Zeilenlänge des Textblockes geändert werden. Wollen Sie aber Schriftmerkmale bearbeiten, müssen Sie vor dem Anklicken in den Editor wechseln. Sie können mit dem Editor durch Doppelklicken ein einzelnes Wort markieren, durch dreifaches Klicken einen Abschnitt. Ziehen der Maus bei gedrückter Taste markiert einen beliebig großen Teil des Textes.

Handelt es sich bei dem angewählten Element um eine Grafik, erscheinen 8 Anfasser. Durch Ziehen an diesen kann das Element verzerrt werden. Ist die Konturenführung eingeschaltet, befinden sich die Anfasser auf dem Begrenzungsrahmen. Sie können durch Klicken auf dem Begrenzungsrahmen neue Anfasser hinzufügen.

Durch Anklicken wird immer nur ein Element markiert. Die Markierung wird aufgehoben, indem Sie auf eine beliebige Stelle außerhalb des Elementes klicken. Wollen Sie mehrere Elemente gemeinsam markieren, können Sie die verschiedenen Elemente einzeln nacheinander markieren, wenn Sie dabei gleichzeitig die Shift-Taste gedrückt halten. Dies ist sinnvoll bei weit auseinanderliegenden Elementen. Sie können aber auch mit der Maus einen Markierungsrahmen um Elemente legen und dadurch mehrere Elemente gleichzeitig markieren. Dazu ziehen Sie die Maus bei gedrückter Maustaste über die zu markierenden Elemente. Es werden nur diejenigen Elemente markiert, die sich vollständig in dem gestrichelten Markierungsrahmen befinden.

Wollen Sie alle oder die meisten Elemente auf einer Seite markieren, wählen Sie im *Menü »Bearbeiten«* den Befehl »Alles Markieren« (oder Ctrl + M). Dadurch werden alle Elemente auf der dargestellten Seite gleichzeitig markiert.

Wollen Sie einzelne Elemente ent-markieren, drücken Sie die Shift-Taste und klicken die entsprechenden Elemente einzeln an.

Um Texteigenschaften zu bearbeiten, müssen Sie den entsprechenden Text mit dem *Editor* markieren. Durch zweimaliges Klicken wird ein ganzes Wort markiert, durch dreimaliges Klicken ein ganzer *Absatz*. Durch Ziehen mit der Maus können Sie einen beliebig großen Text markieren. Es kann immer nur ein einzelner *Textblock* markiert werden.

Maßeinheiten

Über den Befehl »Vorgaben wählen...« im *Menü »Bearbeiten«* können Sie die Maßeinheiten bestimmen, die von PageMaker verwendet und im Arbeitsfenster auf den *Linealen* gezeigt werden. Wenn Sie diesen Befehl wählen, bevor Sie ein Dokument anlegen, nimmt PageMaker die eingetragenen Werte als Standardwerte für alle folgenden Dokumente. Wählen Sie den Befehl von einem geöffneten Dokument aus, beziehen sich die Werte lediglich auf dieses. Sie haben die Wahl zwischen Zoll, Millimetern, Pica und Cicero.

Pica und Cicero sind Maßeinheiten aus der Setzersprache. Pica ist eine amerikanische Einheit, Cicero eine europäische. Beide Einheiten sind nur mit mehreren Stellen hinter dem Komma in Millimeter übersetzbar. Die Untereinheiten heißen nicht nur sehr ähnlich, sie sind auch fast gleich groß:

1 Pica = 12 points = 1/6 Zoll = 4,23 mm

1 Point = 1/12 Pica = 0,353 mm

1 Cicero = 12 Punkt = 4,5 mm

1 Punkt = 1/12 Cicero = 0,376 mm

PageMaker als amerikanisches Produkt verwendet bei den Schriftgrößen (im *Menü »Typographie«*, Befehl »Schriftfestlegung...«) immer amerikanische Points, auch wenn Sie als Maßeinheit Punkt bzw. Cicero gewählt haben.

Das senkrechte Lineal kann eine andere Maßeinheit als das waagerechte bekommen. Die erste Option ist immer die für das waagerechte Lineal gewählte Maßeinheit.

Sie können ungeachtet der vorgewählten Maßeinheit in den verschiedenen Dialogfeldern auch Angaben in Pica oder Cicero machen, indem Sie diese folgendermaßen eingeben:

0P6 für 6 Point

0C6 für 6 Punkt

Maßstab

siehe *Darstellungsgröße*

Maustechniken

Die Maus ist zum Arbeiten mit PageMaker unerläßlich. Sie ist die Verlängerung Ihrer Hand auf dem Bildschirm. Mit ihr können Sie Gegenstände auf dem Bildschirm anfassen, bewegen, verändern und löschen. Jede Maus für IBM-kompatible Computer hat mindestens zwei Tasten. Sie benutzen jedoch fast immer nur die Haupttaste. Dies ist normalerweise die linke Taste. Mit Hilfe der *Systemsteuerung* von Windows können Sie jedoch auch die rechte Maustaste zur Haupttaste machen. Zur Arbeit mit PageMaker benötigen Sie für die Maus die folgenden vier Bedienungsarten:

Klicken: Die Maustaste einmal kurz drücken und wieder loslassen.

Doppelklicken: Die Maustaste schnell hintereinander zweimal kurz drücken und wieder loslassen.

Drücken: Die Maustaste einmal drücken und gedrückt lassen.

Ziehen: Verschieben der Maus bei gedrückter Taste.

Wenn Sie beim Mausklicken die Shift-, Ctrl- oder Alt-Taste gedrückt halten, können Sie manchmal eine andere Funktion aufrufen. Oft ist es sinnvoll, bestimmte Befehle nicht mit der Maus, sondern über die Tastatur einzugeben. Wenn Sie in einem Dialogfeld bei einer Option einen Buchstaben unterstrichen sehen, führt das Tippen dieses Buchstabens bei gedrückter Alt-Taste den Cursor zu dieser Option. Mit der Tab-Taste springen Sie zur nächsten Option.

Mauszeigerform

Der Mauszeiger kann je nach Art der gewählten Funktion der Maus bestimmte Formen annehmen. Auch wenn Sie eine Datei positionieren, ändert sich die Mauszeigerform entsprechend der zu positionierenden Dateiart sowie der Art des Textanschlusses.

Textdateien, manueller Anschluß

Textdateien, automatischer Anschluß. Dabei ist der Befehl »Autom. Textanschluß« im Menü »Optionen« angewählt.

Textdateien, halbautomatischer Anschluß. Dabei drücken Sie die Shift-Taste beim positionieren. Es spielt keine Rolle, ob der Befehl »Autom. Textanschluß« angewählt ist oder nicht.

Bitmustergrafiken

Formelementegrafiken

Dateien im TIF-Format

Dateien im EPS-Format

Mehrfarbiges Dokument

siehe *Farbe*

Mehrspaltiger Text

Wenn Sie Ihren Text in mehr als einer Spalte setzen wollen, können Sie mit dem Befehl »Spaltenhilfslinien...« im *Menü »Optionen«* bis zu 20 Spalten pro Seite festlegen. In dem Dialogfeld können Sie Anzahl und den jeweiligen Abstand der Spalten angeben. Wenn Sie die Angaben machen, bevor Sie ein Dokument geöffnet haben, ändern Sie damit die Standardangaben von PageMaker. Ansonsten beziehen sich die Angaben nur auf die gerade dargestellte Seite im momentan geöffneten Dokument. Sind gerade die Standardseiten dargestellt, haben Sie die gleiche Anzahl von Spalten auf allen Seiten Ihres Dokumentes. Wird Ihr Dokument zweiseitig dargestellt, können Sie Anzahl und Abstand der Spalten für linke und rechte Seiten getrennt festlegen. Dazu wählen Sie die Option »Auf Doppelseiten getrennt einstellen« an.

Die Spalten werden von PageMaker automatisch in gleicher Breite angelegt. Wünschen Sie Spalten mit verschiedener Breite auf einer Seite, können Sie mit dem Mauspfeil die Spaltenhilfslinien auf der entsprechenden Seite verschieben. Ändern Sie nachträglich bei bereits positionierten Seitenelementen die Spaltenanzahl oder -breite, beeinflußt das diese Elemente nicht.

Je nach Art des gewählten Textanschlusses (siehe *Konturenführung*) wird Text beim Positionieren entweder automatisch auf alle Spalten verteilt oder fließt nur an das Ende einer Spalte.

Mehrspaltige Überschriften

Siehe *Sperren*

Menü »Bearbeiten«

»Rückgängig«   **Alt + Bksp**

Mit diesem Befehl können Sie einen Befehl rückgängig machen,
allerdings nur den zuletzt ausgeführten. Manchmal ist dies nicht
möglich, PageMaker meldet dann: Rückgängig unmöglich.

Wenn Sie mehr als nur den zuletzt ausgeführten Befehl rückgängig
machen wollen, benützen Sie den Befehl »Alte Fassung« aus dem
Menü »Datei«.

»Ausschneiden«   **Shift + Del**

Mit diesem Befehl löschen Sie einen mit dem Mauspfeil oder dem
Editor markierten Bereich Ihres Dokumentes. Es kann sich dabei
um Text oder um Bilder handeln. Das Element verschwindet von
der Seite, allerdings wird es nicht vollständig gelöscht, sondern in
die *Zwischenablage* von Windows gelegt. Dort bleibt es solange,
bis Sie entweder ein neues Element dort ablegen, oder bis Sie
Windows verlassen. Benützen Sie diesen Befehl, wenn Sie ein
Element für spätere Wiederverwendung aufheben wollen. Sie können es beliebig oft wieder aus der Zwischenablage abrufen. Um
sich den Inhalt der Zwischenablage anzeigen zu lassen, können Sie
diese im *Menü »Steuerung«* aufrufen. Die Zwischenablage hat eine
Kapazität von 64 KByte.

»Kopieren«   **Ctrl + Ins**

Mit diesem Befehl kopieren Sie mit dem Mauspfeil oder dem Editor markierte Elemente Ihres Dokumentes. Es kann sich dabei um
Text oder um Bilder handeln. Das markierte Element wird nicht
von der Seite gelöscht, sondern bleibt dort stehen. Die Kopie wird
in die *Zwischenablage* abgelegt, sie verdrängt den bisherigen Inhalt
derselben. Sie können die Kopie beliebig oft aus der Zwischenablage abrufen.

»Einfügen«   **Ins**

Mit diesem Befehl fügen Sie den Inhalt der *Zwischenablage* in Ihr
Dokument ein. Der Inhalt kann auch von anderen Windows-An-
wendungsprogrammen stammen. Sie können den Inhalt beliebig oft
aus der Zwischenablage abrufen. Handelt es sich bei dem einzufü-
genden Element um Text, und Sie befinden sich im Editor, wird
der Text an der Einfügeposition eingefügt. Dadurch kann er direkt
in einen bestehenden Text eingefügt werden. Ansonsten erscheint
er als selbständiger *Textblock* auf der Seitenmitte.

»Löschen«   **Del**

Mit diesem Befehl werden markierte Elemente aus Ihrer Datei gelöscht, ohne in der Zwischenablage gespeichert zu werden. Lediglich mit dem Rückgängig-Befehl kann das gelöschte Element wie-
dergeholt werden.

»Alles markieren«   **Ctrl + M**

Befinden Sie sich im *Editor*, wird mit diesem Befehl der gesamte
Textblock markiert, in dem sich die Einfügemarke befindet. Ist der
Textblock länger als die dargestellte Seite, wird auch der nicht
dargestellte Teil markiert.

Befinden Sie sich in der *Zeigefunktion*, wird der gesamte Inhalt des
Arbeitsfensters markiert, also alle Textblöcke, Bilder und Linien.
Es werden auch die Elemente markiert, die sich nicht unmittelbar
auf der dargestellten Seite befinden, sondern auf der *Montageflä-*
che liegen. Nicht markiert werden Gegenstände, die sich auf nicht
dargestellten Seiten befinden. Von Textblöcken wird nur der dargestellte Teil markiert. Wollen Sie nur ein einzelnes Element auf
der Seite nicht markiert haben, markieren Sie zunächst alles, dann
klicken Sie das zu ent-markierende Element bei gedrückter Shift-
Taste an.

»Nach vorn stellen«   **Ctrl + V**

Die einzelnen Elemente auf einer PageMaker-Seite überlagern
sich. Dadurch können Sie z.B. einen Text mit einem schwarzen
(oder auch weißen) Feld abdecken. Elemente auf der obersten
Ebene verdecken Elemente auf den unteren Ebenen.

Sie können immer nur ein Element auf der obersten Ebene mit einem Mausklick anwählen. Wenn Sie ein tieferliegendes Element
anwählen wollen, um es z.B. nach vorne zu stellen, müssen Sie
beim Klicken mit der Maus die Ctrl-Taste gedrückt halten.

»Nach hinten stellen«   **Ctrl + H**

Mit diesem Befehl stellen Sie ein markiertes Element auf die unterste Ebene.

»Vorgaben wählen...«

Damit bestimmen Sie die *Maßeinheiten*, die von PageMaker verwendet und im Arbeitsfenster auf den Linealen gezeigt *werden*. Sie

```
Vorgaben wählen:                                   ( OK )

Einheitensystem:        Senkrechtes Lineal:      (Abbrechen)
 O Zoll                  ● Millimeter
 O Dez.-Zoll             O Pica
 ● Millimeter            O Vorgabe [ 16 ]   Point
 O Pica
 O Cicero               Hilfslinien:  O Vorne  ● Hinten

                    Skizzieren unter: [ 6 ]   Pixel

    Bildschirmzeichensatz dehnen ab: [ 24 ]   Pixel

           Vektorzeichensatz ab: [ 24 ]   Pixel
```

haben die Wahl zwischen Zoll, Millimetern, Pica und Cicero.
Außerdem können Sie die Bildschirmanzeige beeinflussen. Wenn
Sie diesen Befehl wählen, bevor Sie ein Dokument anlegen, nimmt
PageMaker die eingetragenen Werte als Standardwerte für alle folgenden Dokumente. Wählen Sie den Befehl von einem geöffneten
Dokument aus, beziehen sich die Werte lediglich auf dieses.

»Senkrechtes Lineal:«: Das senkrechte Lineal kann eine andere
Maßeinheit als das waagerechte bekommen. Die erste Option ist
immer die für das waagerechte Lineal gewählte Maßeinheit.

»Hilfslinien: Vorne/Hinten«: Hier wählen Sie, ob die nichtdrukkenden Hilfslinien über oder unter den druckenden Seitenelementen liegen. Da das oben liegende Element zuerst angewählt wird,
ist es vielleicht sinnvoll, die Hilfslinien nach hinten zu legen. Die
Standardvorgabe ist »Vorne«.

»Skizzieren unter:«: Hier können Sie die Größe in Bildpunkten
eingeben, unter welcher Schriftgröße PageMaker Schrift nicht
mehr als Text, sondern als schraffierte Fläche darstellt. Bei
Layout-Arbeiten, bei denen Sie den Text nicht mehr lesen müssen,
wird durch das Skizzieren die Arbeitsgeschwindigkeit erhöht.
Standardvorgabe ist 6 *Pixel*, größerer Text wird normal dargestellt.

»Bildschirmzeichensatz dehnen ab:«: Jede Schriftart, die auf dem
Bildschirm dargestellt wird, braucht einen Bildschirmzeichensatz.
Um die Speicherkapazität nicht unnötig zu überlasten, existieren
nicht für jede Schriftgröße Zeichensätze. Sie können festlegen, ab
welcher Größe die Bildschirmschrift durch Dehnen vorhandener
Zeichensätze hergestellt werden soll. Standardvorgabe ist 24 Pixel.

»Vektorzeichensatz ab:«: Ab der hier eingegebenen Größe in Pixel wird nicht mehr ein Bildschirmzeichensatz, sondern ein Vektorzeichensatz für die Darstellung der Schrift auf dem Bildschirm
verwendet. Die einzelnen Zeichen sind dann vergrößerbare Formelemente. Die Bildschirmanzeige von Vektorzeichen erfordert weniger Speicherkapazität.

Menü »Datei«

In diesem Menü beginnen und beenden Sie die Arbeit mit PageMaker.

»Neue Datei...«   Ctrl + N

Mit diesem Befehl legen Sie eine neue PageMaker-Datei an. Wenn
Sie bereits eine andere Datei geladen haben, wird diese automatisch geschlossen. Sie werden vorher gefragt, ob Sie speichern
wollen. Dann erscheint das Dialogfeld »Seite einrichten«. Es handelt sich um dasselbe Dialogfeld, das beim Anwählen des Befehls
»Seite einrichten...« erscheint.

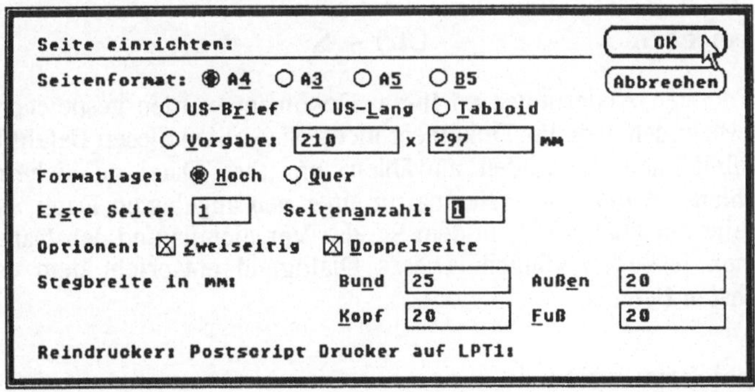

»Datei öffnen...«   Ctrl + O

Mit dem Dialogfeld können Sie eine bereits vorhandene PageMaker-Datei öffnen. Wenn Sie bereits eine andere Datei geladen ha-

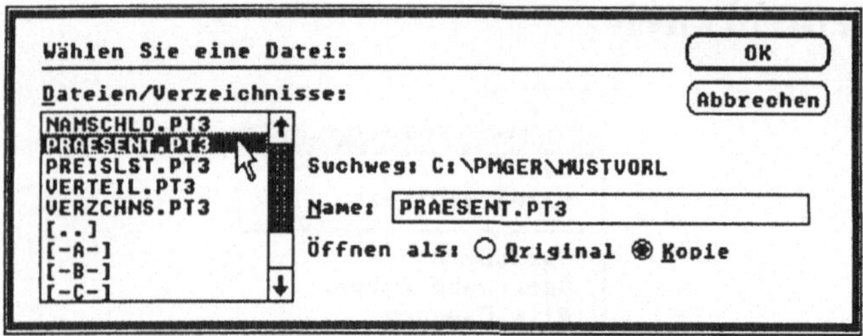

ben, wird diese automatisch geschlossen. Sie werden vorher gefragt, ob Sie speichern wollen. Dann erscheint eine Liste der Verzeichnisse auf Ihrer Festplatte, aus der Sie die zu öffnende Datei auswählen können.

»Datei schließen«

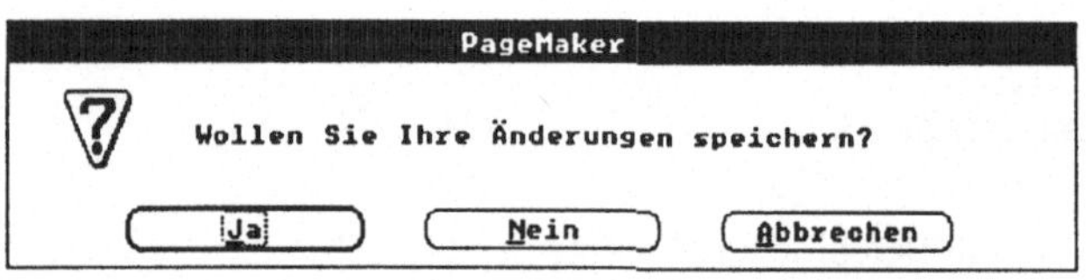

Die geladene PageMaker-Datei wird wieder geschlossen. Sie werden gefragt, ob Sie speichern wollen. Das PageMaker-Grundbild erscheint anschließend.

»Speichern«   Ctrl + S

Die letzten Änderungen an Ihrem Dokument werden gespeichert. Sie verlassen aber Ihr Dokument nicht. Sie sollten diesen Befehl in regelmäßigen Abständen anwählen, um Ihre Datei zu sichern. Wählen Sie ihn zum erstenmal in einer neu angelegten Datei, erscheint ein Dialogfeld, in dem Sie das Verzeichnis und den Dateinamen festlegen können. Dieses Dialogfeld entspricht dem des nächsten Befehls.

»Speichern unter...«

Mit diesem Befehl können Sie zum einen eine Datei kopieren und unter einem anderen Namen speichern. Die Datei mit dem ursprünglichen Namen bleibt erhalten. Dies ist nützlich, wenn Sie verschiedene Entwürfe eines Dokumentes anfertigen. Die Datei

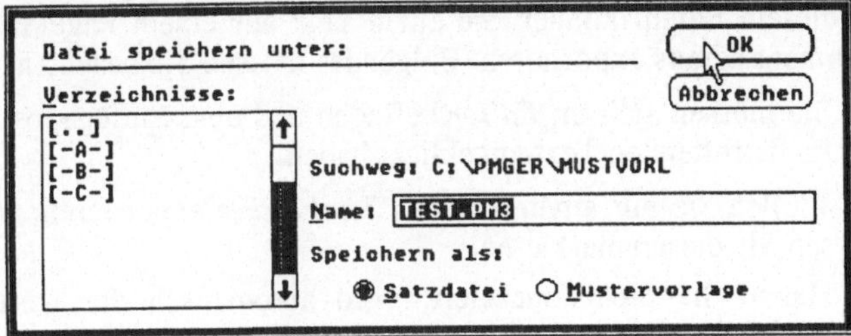

kann aber auch unter dem gleichen Namen auf einem anderen Laufwerk oder in einem anderen Verzeichnis gespeichert werden.

»Alte Fassung«

Damit können Sie zu der zuletzt gespeicherten Version eines Dokumentes zurückkehren, wenn Ihnen z.B. Änderungen, die Sie seit der letzten Speicherung am Dokument vornahmen, nicht gefallen und Sie diese nicht speichern möchten. Sie machen also alle Änderungen rückgängig. Die alte Fassung Ihrer Datei wird dann wieder angezeigt. Zunächst erscheint allerdings ein Warnfeld, mit dem Sie aufgefordert werden, den Befehl zu bestätigen. Er kann nicht rückgängig gemacht werden und wirkt auf alle Seiten Ihres Dokumentes.

Wenn Sie nur Änderungen auf einer Seite rückgängig machen wollen, müssen Sie auf die Zwischenfassung zurückgehen. Page-Maker legt nämlich immer, wenn Sie das Seitensinnbild anklicken, eine Zwischendatei an, auf die Sie ebenfalls zurückgreifen können. Dazu müssen Sie die Shift-Taste drücken und den Befehl »Alte Fassung« wählen.

»Übertragen...«

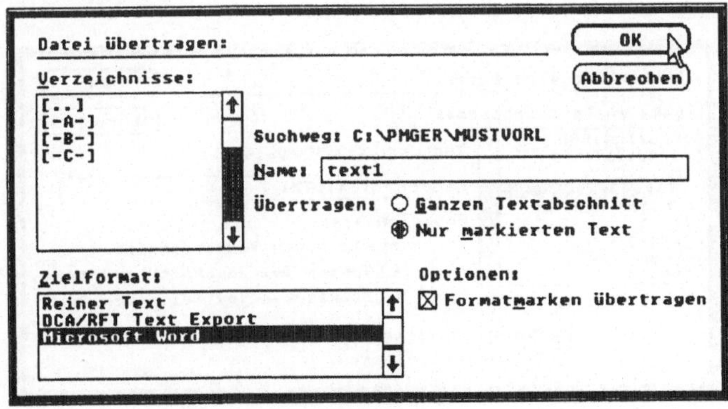

Mit diesem Befehl können Sie einen Text aus einem PageMaker-
Dokument heraus exportieren. Folgendes müssen Sie beachten:

* Sie müssen sich im *Editor* befinden und eine Einfügeposition
  im betreffenden Text angeklickt haben.

* Wollen Sie nur einen Teil des *Textblockes* exportieren, müssen Sie diesen markieren.

* Haben Sie nichts markiert, wird automatisch der gesamte
  Text exportiert.

Im Dialogfeld legen Sie Name und Verzeichnis für die zu exportierende Textdatei fest, außerdem, ob Sie den Text als reine ASCII-
Textdatei oder als formatierte Datei speichern wollen. Je nach den
installierten Exportfiltern (vgl. Sie das entsprechende Kapitel weiter oben) können Sie zwischen verschiedenen Formaten wählen.
Wenn Sie für Ihr Textverarbeitungsprogramm keinen entsprechenden Filter haben, exportieren Sie den Text als ASCII-Datei. Eine
solche reine Textdatei kann von jedem Textverarbeitungsprogramm gelesen werden. Sie muß allerdings neu formatiert werden,
da eine ASCII-Datei keinerlei Formatierung enthält.

»Positionieren...«   Ctrl + A

Mit diesem Befehl importieren Sie fertige Text- oder Grafikdateien
in Ihr PageMaker-Dokument, um diese dann auf einer Seite Ihres
PageMaker-Dokuments anzuordnen. Beim Positionieren wird automatisch eine Kopie dieser Datei hergestellt, die Sie durch Klik-
ken an einer beliebigen Stelle in Ihr Dokument aufnehmen können.
Die ursprüngliche Datei bleibt dabei unverändert erhalten. Dies
gilt für Text- und Grafikdateien. Klicken Sie mit dem geladenen
Mauszeiger auf das Funktionenfenster, wird keine Datei positioniert, sondern der Befehl rückgängig gemacht. Bei der Wahl des
Befehls erscheint folgendes Dialogfeld:

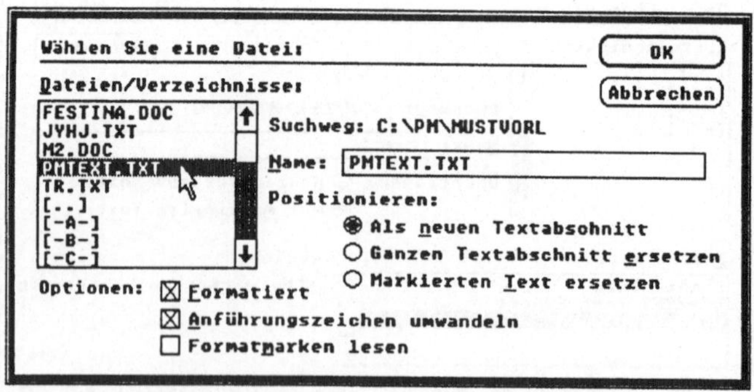

Falls Sie den Dateinamen nicht finden, können Sie im Eingabefeld »Name:« die Platzhalter *.* eingeben. PageMaker zeigt Ihnen dann alle Dateien, auch solche, die nicht unbedingt importiert werden können. Haben Sie eine Datei gewählt, die PageMaker nicht einordnen kann, erscheint ein Verzeichnis importierbarer Formate. Sie müssen dann die Dateienart identifizieren. Sie können Text auf dreierlei Arten einfügen:

»Als neuen Textabschnitt«: Dabei wird der Text als völlig neuer Textblock positioniert, also außerhalb anderer, sich evtl. schon auf der Seite befindender Textblöcke.

»Ganzen Textabschnitt ersetzen«: Sie können einen bereits positionierten Textblock durch den zu Positionierenden ersetzen. Dazu muß die Einfügeposition im zu ersetzenden Textblock sein.

»Text einfügen/Markierten Text ersetzen«: Sie können den zu positionierenden Text an einer beliebigen Stelle in einen bereits positionierten Text einfügen. Auch dazu muß die Einfügeposition im zu ersetzenden Textblock sein. Haben Sie einen Teil des Textes markiert, erscheint im Dialogfeld die Option »Markierten Text ersetzen«, und der markierte Text wird gelöscht und durch den zu positionierenden Text ersetzt. Beim Ersetzen gibt es eine Obergrenze: Dateien mit maximal 64KByte können ersetzt werden, das sind etwa 25 - 30 Seiten Text.

Außerdem kann beim Positionieren von Textdateien unter folgenden Optionen gewählt werden:

»Formatiert«: Diese Option muß im Zusammenhang mit der Option »Formatmarken lesen« betrachtet werden, vor allem, wenn ein zu positionierender Text auch *Formatmarken* enthält.

Wählen Sie die Option »Formatiert« (die Option »Formatmarken lesen« ist dabei nicht angewählt), werden Texte, die in einem Textverarbeitungsprogramm mit einer *Druckformatvorlage* formatiert wurden, auch formatiert übernommen. Sie können also Text u.a. in derselben Schriftart und Ausrichtung übernehmen, wie er z.B. in Microsoft Word erfaßt wurde. Ist ein Text mit einer Druckformatvorlage formatiert und enthält zusätzlich Formatmarken, werden diese ignoriert, wenn die Option »Formatmarken lesen« nicht angewählt ist. Die Formatmarken erscheinen als normaler Text in Ihrer Datei. Ist die Option »Formatmarken lesen« dabei angewählt, wird entsprechend der Druckformatvorlage formatiert, aber lediglich die Formatmarken werden im Druckformatfenster aufgeführt. Vermeiden Sie diese Kombination. Ist die Option »Formatiert« nicht gewählt und die Option »Formatmarken lesen« ebenfalls nicht, versieht PageMaker den Text mit den Standardschriftmerkmalen. Formatmarken erscheinen dabei wieder als normaler Text. Ist die Option »Formatiert« nicht gewählt und die Option »Formatmarken lesen« angewählt, wird eine Druckformatvorlage ignoriert und der Text entsprechend den Formatmarken formatiert. Formatmarken erscheinen dabei nicht als normaler Text.

»**Anführungszeichen umwandeln**«: Wählen Sie diese Option, werden alle in dem zu positionierenden Text enthaltenen Anführungszeichen und Apostrophe durch die im (amerikanischen) Fotosatz üblichen Zeichen ersetzt. Leider wird der europäische Standard nicht berücksichtigt.

»**Formatmarken lesen**«: Eine *Formatmarke* ist der Name eines Druckformats, das in einem zu positionierenden Text zwischen spitzen Klammern (z. B.: <Absatz 1>) steht. Wählen Sie diese Option, werden die Formatmarken in dem Text von PageMaker erkannt, und der Absatz, an dessen Anfang die Formatmarke steht, wird entsprechend formatiert. Ein Druckformat gleichen Namens muß im Druckformatverzeichnis von PageMaker vorhanden sein.

Wählen Sie eine Grafikdatei, haben Sie folgende Möglichkeiten:

»**Als neues Bild**«: Die Grafikdatei kann beliebig auf einer Seite positioniert werden.

»**Bild ersetzen**«: Die Grafikdatei ersetzt die vorher angewählte Grafik. Dabei wird die Größe und ein evtl. vorhandener Begrenzungsrahmen nicht geändert.

»Seite einrichten...«

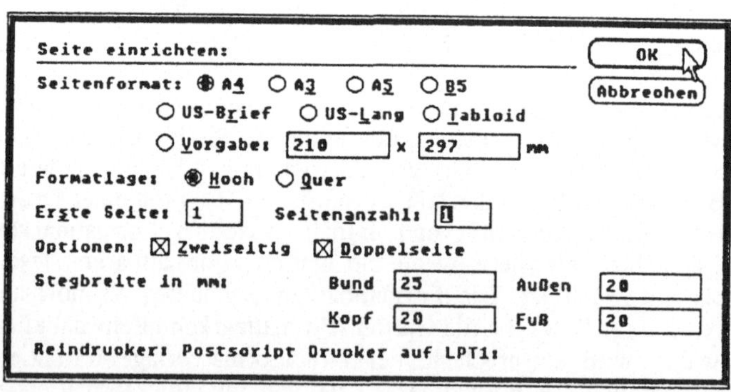

Wählen Sie diesen Befehl, bevor Sie ein Dokument geöffnet haben, können Sie in dem Dialogfeld damit die Standardvorgaben für alle neuen Dokumente festlegen. Wenn Sie ihn aber innerhalb eines Dokumentes wählen, beeinflussen Sie lediglich die aktuelle Datei.

Das Dialogfeld erscheint immer, wenn Sie ein neues Dokument anlegen. Bitte legen Sie sofort das Seitenformat fest, bei dem Sie bleiben wollen, bevor Sie Texte, Bilder oder Hilfslinien auf die Seiten bringen. Wenn Sie später Ihre Vorgaben ändern, müssen Sie bereits positionierte Texte oder Grafiken wahrscheinlich erneut auf der Seite anordnen.

»Seitenformat«: Das Seitenformat hat nichts mit dem Papierformat Ihres Druckers zu tun, sondern bezieht sich auf das Format Ihres Dokumentes, das Sie erzeugen wollen. Sie haben einige genormte Formate zur Auswahl. Standardvorgabe ist DIN A4, Sie können im Feld »Vorgabe« eigene Maße eintragen. Die maximale Größe ist 431,8 x 558,8 mm.

»Formatlage«: Hier bestimmen Sie, ob Ihr Dokument im Hoch- oder Querformat angelegt wird.

»Erste Seite«: Sie können die Seitenzahl der ersten Seite Ihres Dokumentes festlegen. Wenn Sie ein längeres Dokument erstellen und einzelne Kapitel als eigene Dateien anlegen, können Sie damit eine fortlaufende Seitennumerierung erreichen. Ungerade Seiten sind bei zweiseitigen Dokumenten immer rechte Seiten und werden als solche angelegt.

»Seitenanzahl«: Die Seitenanzahl, also der Umfang Ihres Dokumentes, kann am Anfang beim Einrichten der Datei eingegeben werden, dann aber wird er hier lediglich angezeigt und kann nicht geändert werden. Das können Sie später, wenn Sie wollen, über das Menü »Seite«. Die maximale Seitenanzahl einer PageMaker-Datei ist 128 Seiten. Umfangreichere Bücher müssen aus mehreren Dateien zusammengesetzt werden.

»Optionen: Zweiseitig - Doppelseite«: Hierbei bestimmen Sie, ob Ihr Dokument rechte und linke Seiten hat oder nur rechte. Als Standardvorgabe ist beides angekreuzt. Im Arbeitsfenster erscheinen dann Sinnbilder für linke und rechte Standardseite, die Seiten werden als linke und rechte Seiten angelegt (Bundsteg links bzw. rechts), und gegenüberliegende Seiten werden gleichzeitig auf dem Bildschirm gezeigt. Wählen Sie »Doppelseite« ab, werden gegenüberliegende Seiten nicht mehr gleichzeitig gezeigt, sondern immer einzeln. Trotzdem werden linke und rechte Seiten angelegt. Wählen Sie »Zweiseitig« und »Doppelseite« ab, wird das Dokument in einseitigem Satz angelegt, d.h., alle Seiten werden als rechte Seiten behandelt, der Bundsteg ist dabei immer links. Ist die Option »Doppelseite« angewählt, ist »Zweiseitig« immer ebenfalls angewählt.

»Stegbreite«: Mit der Stegbreite bestimmen Sie den *Satzspiegel*. Das ist die Fläche, in der PageMaker automatisch Text positioniert. Der Satzspiegel ist nicht identisch mit der bedruckbaren Fläche. Sie können beliebige Elemente auf den Stegen positionieren. Der Bundsteg ist bei Dokumenten mit linken und rechten Seiten immer links für die rechte Seite und rechts für die linke Seite.

Unten im Dialogfeld wird außerdem noch der gewählte Reindrukker genannt.

»Drucken...«   Ctrl + D

```
Drucken:                                              ( OK )
Kopien: [1]    [ ] Sortiert  [ ] Umgekehrte Reihenfolge  ( Abbrechen )
Seiten: ( ) Alle   (●) Von [1]  Bis [5]
Größe:  [100] %                                       ( Einstellung... )

Optionen: [ ] Übersicht   [ ] Glätten   [ ] Linienschnelldruck
          [ ] Beschnittzeichen   [ ] Volltonfarbauszüge   [ ] Aussparungen
          [ ] Unterteilen: ( ) Manuell ( ) Autom., Überlagerung: [     ] mm

Drucker: NEC 24-Nadeldrucker auf COM1:    ↑   Papierformat:
         PCL / HP LaserJet auf LPT2:           215,9 x 279,4
         Postscript Drucker auf LPT1:
                                          ↓   Formatlage:
                                              Hoch
```

Mit diesem Befehl drucken Sie die momentan geöffnete Datei aus. (Siehe auch *Drucken*.) Im Dialogfeld haben Sie folgende Wahlmöglichkeiten:

»**Kopien:**«: Hier geben Sie die Anzahl der gewünschten Drucke ein.

»**Sortiert**«: Bei mehrfachem Ausdruck von mehrseitigen Dokumenten können Sie entweder alle Exemplare der einzelnen Seiten nacheinander ausdrucken lassen. Dazu müssen Sie die Option abwählen. Ist sie angewählt, werden komplette Dokumente nacheinander ausgedruckt. Dies dauert etwas länger.

»**Umgekehrte Reihenfolge**«: Wählen Sie diese Option, wird die Seite 1 zuerst gedruckt, liegt also zum Schluß ganz unten im Stapel, der dann umsortiert werden muß.

»**Seiten: Alle / Von Bis**«: Hier bestimmen Sie, welcher Teil Ihres Dokumentes gedruckt wird. Wollen Sie nur einen Teil der Seiten ausdrucken, geben Sie die entsprechenden Seitenzahlen ein.

»**Größe**«: Wenn Sie einen Postscript-Drucker benutzen, können Sie den Maßstab der Ausdrucke bestimmen. Sie können zwischen 25% und 1000% der Originalgröße wählen. Da bei Vergrößerung der Ausdruck wahrscheinlich größer als das vom Drucker verwendete Papier wird, sollten Sie die Option »Unterteilen« (siehe weiter unten) wählen.

»Übersicht«: Wenn Sie einen Postscript-Drucker benutzen, können Sie mehrere Seiten nebeneinander auf einem Blatt ausdrucken lassen. Je nach Papiergröße des Druckers und je nach der Größe Ihrer Seiten passen bis zu 16 Miniaturseiten auf ein Blatt. Die Druckgröße der Miniaturseiten kann nicht geändert werden.

»Glätten«: Wenn Sie einen Postscript-Drucker benutzen, können Sie diese Option wählen. Dann glättet PageMaker beim Ausdruck die Konturen von Bitmustergrafiken. Gleichzeitig wird der Ausdruck deutlich verlangsamt. Das Bild kann sogar dunkler werden. Machen Sie deshalb auf jeden Fall einen Probeausdruck!

»Linienschnelldruck«: Diese Option ist nur für einen PCL-Drucker (HP) gedacht. Wenn Sie mit einem solchen Drucker Rechtecke oder senkrechte und waagerechte Linien drucken wollen, können Sie den Ausdruck durch Anwählen dieser Option beschleunigen.

»Beschnittzeichen«: Wenn Ihr Dokument kleiner ist als das Papierformat Ihres Druckers, können Sie mit dieser Option Schneidemarken mitdrucken lassen. Arbeiten Sie mit Volltonfarbauszügen und wählen diese Option, druckt PageMaker außer den Schneidemarken auch Paßkreuze und den Farbnamen aus. Das Papierformat muß wiederum größer sein als das Seitenformat Ihres Dokuments.

»Volltonfarbauszüge«: Wenn Sie Ihr Dokument mit verschiedenen Volltonfarben versehen wollen, druckt PageMaker automatisch für jede vorkommende Farbe ein Exemplar der betreffenden Seite aus. Wählen Sie außerdem die Option »Beschnittzeichen«, und Ihr Dokument ist kleiner als das Papierformat des Druckers, druckt PageMaker zusätzlich Schneidemarken und Paßkreuze für jeden Farbauszug.

»Aussparungen«: Auch diese Option ist für Volltonfarbauszüge. Wenn sich beim Drucken Farben überlagern würden, können Sie durch diese Option erreichen, daß der unterste Farbauszug an den entsprechenden Stellen unbedruckt bleibt. Machen Sie am besten einen Probeausdruck, und klären Sie mit Ihrer Druckerei die beste Vorgehensweise. Für optimale Druckergebnisse muß manchmal die Druckerei die Aussparungen vornehmen.

»Unterteilen: Manuell/autom., Überlagerung: mm«: Wenn Ihr Dokument größer ist als das vom Drucker verwendete Papier, können Sie es abschnittsweise ausdrucken. Bei der Option »Manuell« bestimmen Sie die zu druckenden Ausschnitte selbst, indem Sie den Nullpunkt auf die obere linke Ecke des jeweiligen Ausschnittes legen. PageMaker kann dies auch automatisch tun. Wählen Sie diese Option, müssen Sie die gewünschte Überlagerung festlegen. Standardvorgabe ist 17mm.

»Drucker«: Sie können den Drucker aus einer Liste aller installierten Drucker wählen, auf dem Sie Ihr Dokument drucken wollen. Allerdings sind nur Drucker aufgelistet, die auch an einem Ausgang liegen. Eventuell müssen Sie in der Systemsteuerung von Windows im Menü »Einstellung« die Option »Anschlüsse« ändern. Die Ausgabe erfolgt immer über den hier gewählten Drucker (Konzeptdrucker). Es muß sich dabei nicht um den Reindrucker handeln. Sie können also ein Dokument für den Ausdruck mit einer Linotronic auslegen, aber einen Probedruck auf einem anderen Drucker vornehmen. Das Druckbild entspricht dann allerdings nicht genau dem, das mit dem Reindrucker erzielt wird. PageMaker paßt Schriftarten usw. auf den Konzeptdrucker an und muß evtl. nicht vorhandene Schriftarten durch vorhandene ersetzen. Der Zeilenumbruch bleibt aber auf jeden Fall erhalten. Wenn Sie die druckerspezifischen Werte ändern oder prüfen wollen, klicken Sie auf dem Schalter »Einstellung«. Es erscheint das Dialogfeld mit den druckerspezifischen Einstellungen. Schließlich wird noch das Papierformat und die Formatlage gezeigt.

»Druckerauswahl...«

Hier wählen Sie den Reindrucker, mit dem Ihr Dokument letztendlich gedruckt werden soll. Dieser Drucker muß nicht tatsächlich an Ihr System angeschlossen sein, wenn Sie beispielsweise den Ausdruck außer Haus planen. Es genügt, wenn der Druckertreiber installiert ist.

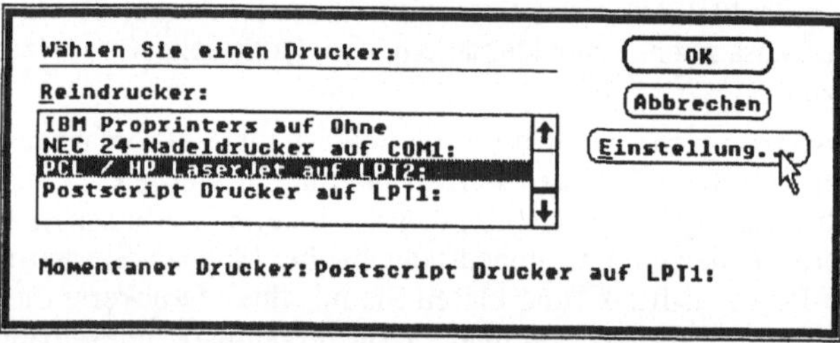

Da PageMaker für verschiedene Drucker Ihr Dokument verschieden auslegt, müssen Sie unbedingt gleich zu Beginn der Arbeit den Reindrucker festlegen. Ändern Sie den Drucker mitten in der Arbeit, rechnet PageMaker das Dokument auf den neuen Drucker um, und Sie müssen evtl. bereits placierte Texte und Bilder neu anordnen. Dann erscheint folgendes Warnfeld:

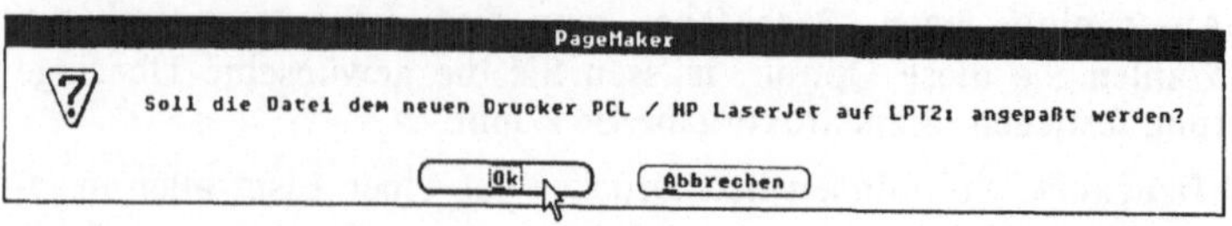

92

Haben Sie den gewünschten Drucker mit der Maus angewählt, klicken Sie den Schalter »Einstellung«. Das druckerspezifische Dialogfeld erscheint, je nachdem, welchen Drucker Sie gewählt haben, und Sie können die gewünschten Daten eingeben.

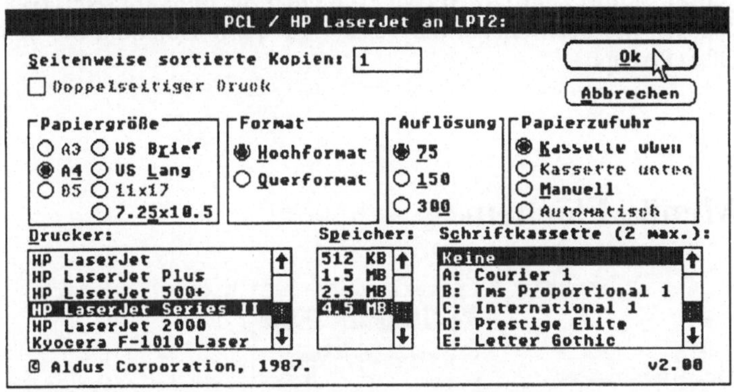

»Ende«   **Alt + F4**

Wenn Sie PageMaker verlassen wollen, müssen Sie Ihre Datei schließen und PageMaker beenden.

Wenn Sie Ihre Datei nicht gespeichert haben, werden Sie von PageMaker gefragt, ob Sie speichern wollen. Dazu erscheint folgendes Warnfeld:

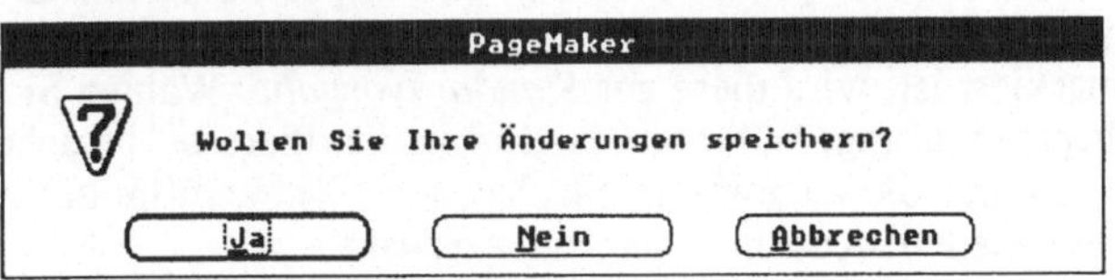

Gegebenenfalls müssen Sie Verzeichnis und Dateiname eingeben.
Darauf schließt PageMaker die Datei, und Sie werden zum DOS-
Fenster von Windows geführt, falls Sie die vollständige Version
von Windows installiert haben. Haben Sie die Kurzfassung, gelangen Sie sofort zum DOS-Prompt. Wollen Sie Windows verlassen,
drücken Sie noch einmal die Tasten Alt +F4. Nun sind Sie beim
DOS-Prompt.

Menü »Flächen«

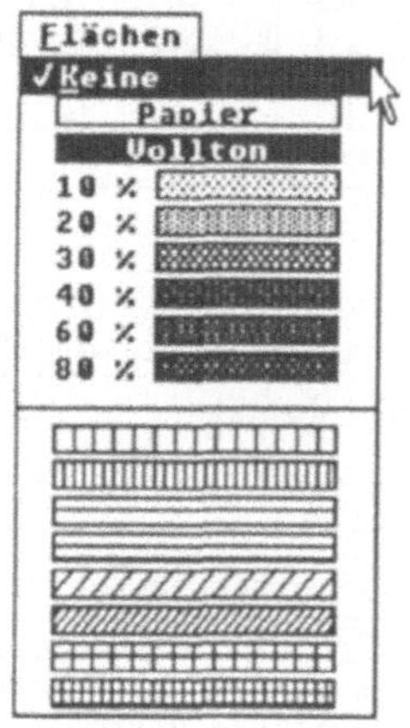

Ähnlich wie im Menü »Linien« finden Sie in diesem Menü eine Liste mit allen Flächenausführungen, die Ihnen für die Zeichenfunktionen von PageMaker zur Verfügung stehen. Eine Fläche ist von
einem geschlossenen Rahmen (Kreis oder Rechteck) umgeben und
ist immer mit einer bestimmten Flächenausführung gefüllt. Eine
Fläche ist undurchsichtig, d.h., sie verdeckt darunterliegende Elemente. Der Rahmen kann eine bestimmte Linienausführung haben,
die nicht mit der Flächenausführung identisch zu sein braucht. Sie
können eine bereits existierende Fläche nachträglich mit einer anderen Flächenausführung versehen, indem Sie den Rahmen markieren und dann im Menü »Flächen« die entsprechende Ausführung
anwählen. Wählen Sie eine Flächenausführung, ohne daß eine Fläche markiert ist, wird diese zur *Standardvorgabe*. Wählen Sie eine
Flächenausführung, während eine Fläche markiert ist, bezieht sich
diese nur auf die angewählte Fläche. Als Flächenfüllmittel haben
Sie verschiedene Ausführungen zur Auswahl.

»Keine:«

Dann handelt es sich nicht um eine Fläche, sondern lediglich um einen Rahmen. Ein Rahmen ist durchsichtig, d.h., er verdeckt keine darunterliegenden Elemente.

»Papier«

Ist eine Fläche mit dieser Ausführung versehen, unterscheidet sie sich zunächst kaum von einem ungefüllten Rahmen. Eine papierfarbene Fläche überdeckt aber alles, was unter ihr liegt, während ein Rahmen durchsichtig ist. Sie können eine Fläche in den Vordergrund stellen, indem Sie sie markieren und den Befehl »Nach vorne stellen« im Menü »Bearbeiten« wählen. Wählen Sie bei einer papierfarbenen Fläche als Linienmuster »keine«, haben Sie eine unsichtbare Fläche.

»Vollton« und andere Ausführungen

Sie können außer den beiden oben genannten Ausführungen einer Fläche einen Vollton oder ein Raster in verschiedenen Abstufungen zuordnen. Schließlich gibt es noch Schraffierungen und einige andere Flächenmuster. Eine Fläche kann immer nur mit einem einzigen Muster versehen werden.

Menü »Hilfe«

In diesem Menü stehen Ihnen zwei Befehle zur Verfügung.

»Hilfe-Rubriken...«   F1

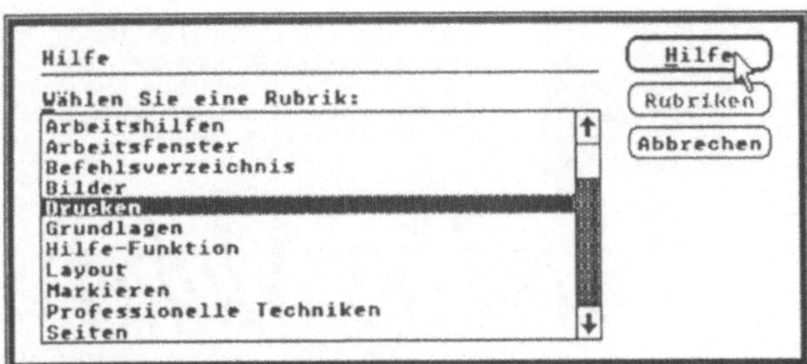

Im Dialogfeld finden Sie eine Liste, auf der Sie verschiedene Rubriken anwählen können. Durch zweimaliges Klicken einer dieser Rubriken erscheint ein neues Dialogfeld, das eine Liste von Unter-Themen zur gewählten Rubrik enthält.

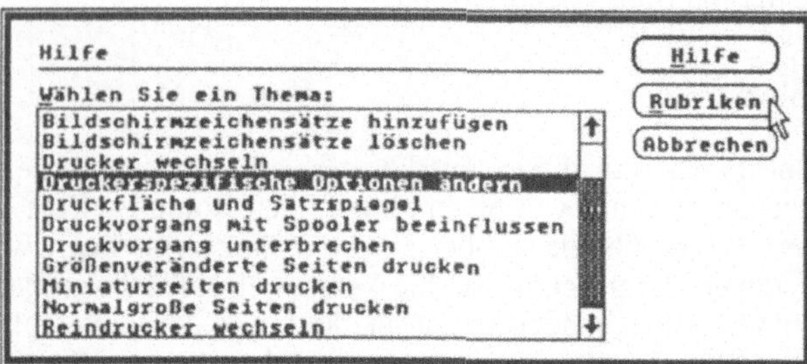

Wählen Sie eines dieser Themen an, erscheint ein Fenster mit einer kurzen Erläuterung zum gewählten Thema.

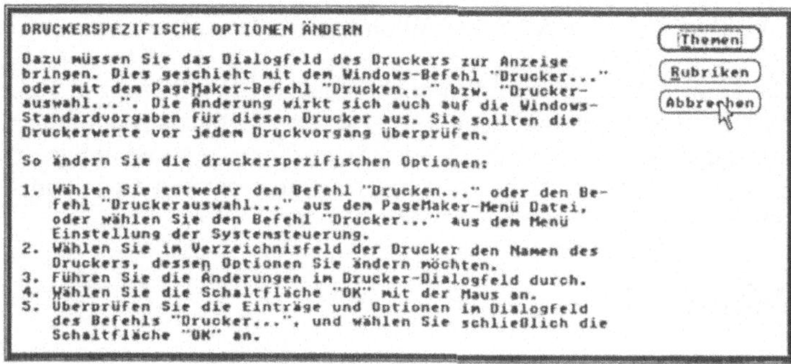

»Info PageMaker«

Wählen Sie diesen Befehl, erscheint die Copyright-Abbildung von
PageMaker auf dem Bildschirm.

Menü »Linien«

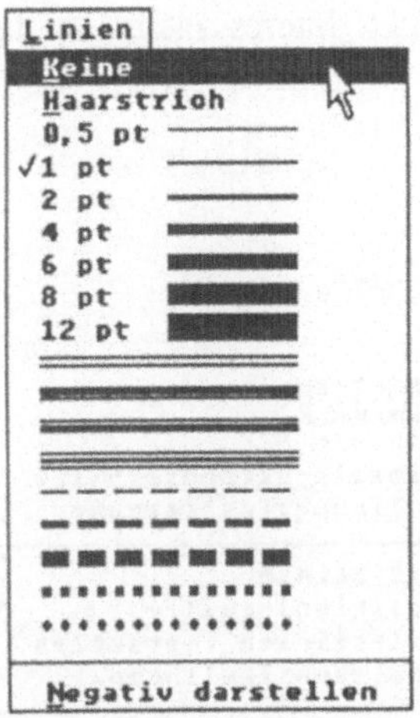

In diesem Menü finden Sie eine Liste mit allen Linienstärken und
Linienausführungen, die Ihnen für die Zeichenfunktionen von
PageMaker zur Verfügung stehen. Sie können eine bereits gezeichnete Linie (oder auch ein Rechteck bzw. einen Kreis) nachträglich mit einem der Linienformate versehen, indem Sie die Linie
markieren und dann das entsprechende Format anwählen. Wählen
Sie ein Linienformat, ohne daß eine Linienzeichnung markiert ist,
wird dieses Format zur *Standardvorgabe*. Ist eine Linie markiert,
bezieht sich das gewählte Format nur auf die markierte Linie.

»Keine«

Durch dieses Format können Sie unsichtbare Linien zeichnen.
Sinnvoll ist das, wenn Sie ein Formelement ohne eine Begrenzungslinie zeichnen wollen. Ein Formelement ist ein mit einer bestimmten Flächenausführung, etwa einem Raster, gefüllter Kreis
oder ein Rechteck.

Verschiedene Stärken und Ausführungen

Am besten drucken Sie sich ein Musterblatt mit allen Linienfor-
maten aus, um zu sehen, wie Ihr Drucker die verschiedenen Mu-

ster behandelt. Es kann bei jedem Element immer nur ein Linienformat zu einer gegebenen Zeit angewählt sein.

»Negativ darstellen«

Ist dieser Befehl angewählt, werden dunkle Linien hell und helle Linien dunkel gedruckt. Interessant ist das bei Doppellinien oder unterbrochenen Linien. Durch erneutes Anwählen wird der Befehl aufgehoben.

Menü »Optionen«

»Lineale«

Mit diesem Befehl können Sie die *Lineale* am oberen und linken Rand des Arbeitsfensters ein- und ausblenden. Durch das Ausblenden können Sie den Bildschirm maximal ausnutzen. Die Position des Mauspfeils auf dem Bildschirm wird durch die gestrichelte Linie auf den Linealen genau bestimmt. Dadurch können Sie Elemente auf der Seite exakt placieren oder auch vermessen. Der Nullpunkt der Lineale kann verschoben werden. Sie können mit der Maus aus den Linealen auch *Hilfslinien* hervorziehen. Bei ausgeblendeten Linealen bleiben bereits gesetzte Hilfslinien bestehen.

»Linealpositionierhilfe«   Ctrl + I

Wenn Sie diesen Befehl wählen, werden Seitenelemente an den gedachten Verlängerungen der Teilstriche des senkrechten und waagerechten Lineals ausgerichtet. Das gilt auch für *Hilfslinien*. Sie
können dadurch z.B. ein Verschieben von Elementen genau in den
Einheiten erreichen, die Sie im *Menü »Bearbeiten«* im Befehl
»Vorgaben wählen...« festgelegt haben.

»Nullpunktfestsetzung«

Der Nullpunkt beider Lineale befindet sich bei Einzelseitendarstellung normalerweise genau auf der linken oberen Ecke der dargestellten Seite. Werden Doppelseiten dargestellt, liegt er auf der
linken oberen Ecke der rechten Seite. Wenn Sie den Befehl anwählen, ist der Nullpunkt unverrückbar. Wählen Sie den Befehl
erneut an, ist der Nullpunkt wieder beweglich. Sie können ihn z.B.
zum Messen frei verschieben, indem Sie mit dem Mauspfeil in der
linken oberen Bildschirmecke auf den Schnittpunkt der beiden Lineale zielen und den Nullpunkt mit der Maus an die gewünschte
neue Position ziehen.

»Hilfslinien«

Mit diesem Befehl wählen Sie, ob Hilfslinien auf dem Bildschirm
angezeigt werden oder nicht. Hilfslinien werden niemals ausgedruckt, sie dienen lediglich dazu, das Ausrichten von Elementen
auf einer Seite zu erleichtern. Es gibt drei verschiedene Arten von
Hilfslinien:

- Die Positionierhilfslinien, die Sie aus den *Linealen* ziehen
  können.

- Die Steghilfslinien, die Ihren *Satzspiegel* umgeben. Sie bestimmen sie über das Dialogfeld »Seite einrichten...« aus dem
  Menü »Datei«.

- Die Spaltenhilfslinien, die Sie über das Dialogfeld
  »Spaltenhilfslinien...« aus dem *Menü »Optionen«* festlegen.

Die Anzahl von Hilfslinien auf einer Seite ist auf 40 beschränkt.
Werden Doppelseiten dargestellt, gehen waagerechte Linealhilfslinien über beide Seiten.

»Positionierhilfe«   Ctrl + P

Ist dieser Befehl gewählt, wird der Mauspfeil und alle Elemente,
die Sie in der Nähe einer beliebigen Hilfslinie placieren wollen,

von dieser Hilfslinie angezogen. Sie können eine Hilfslinie z.B. in der Darstellungsgröße »400%« mit höchstmöglicher Präzision festlegen, um dann in der Originalgröße Elemente ebenso exakt placieren zu können. Durch erneutes Anwählen schalten Sie den Befehl wieder ab.

»Hilfslinien festsetzen«

Ist dieser Befehl gewählt, können Lineal- und Spaltenhilfslinien nicht mehr bewegt werden. Erst wenn sie den Befehl erneut anwählen, werden die Linien wieder beweglich. Steghilfslinien sind davon nicht betroffen. Sie werden immer über den Befehl »Seite einrichten...« im *Menü »Datei«* festgelegt.

»Spaltenhilfslinien...«

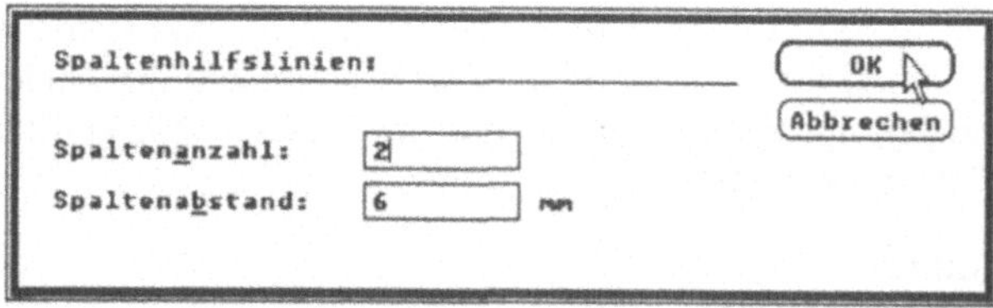

Wenn Sie Ihren Text in mehr als einer Spalte setzen wollen, können Sie mit diesem Befehl bis zu 20 Spalten pro Seite festlegen. In dem Dialogfeld können Sie Anzahl und den jeweiligen Abstand der Spalten angeben. Wenn Sie die Angaben machen, bevor Sie ein Dokument geöffnet haben, ändern Sie damit die *Standardangaben* von PageMaker. Ansonsten beziehen sich die Angaben nur auf die gerade dargestellte Seite im momentan geöffneten Dokument. Sind gerade die *Standardseiten* dargestellt, haben Sie die gleiche Anzahl von Spalten auf allen Seiten Ihres Dokumentes. Wird Ihr Dokument zweiseitig dargestellt, können Sie Anzahl und Abstand der Spalten für linke und rechte Seiten getrennt festlegen. Dazu wählen Sie die Option »Auf Doppelseiten getrennt einstellen« an. Die Spalten werden von PageMaker automatisch in gleicher Breite angelegt. Wünschen Sie Spalten mit verschiedener Breite auf einer Seite, können Sie mit dem Mauspfeil die Spaltenhilfslinien auf der entsprechenden Seite verschieben. Ändern Sie nachträglich bei bereits positionierten Seitenelementen die Spaltenanzahl oder -breite, beeinflußt das diese Elemente nicht.

»Autom. Textanschluß«

Dieser Befehl regelt, wie Text beim Positionieren auf die Seite gebracht wird. Sehen Sie dazu auch *Menü »Datei«*, Befehl »Positionieren...«. Es gibt drei verschiedene Arten von Textanschluß:

Automatisch: Der vollständige Text wird positioniert. Reicht die dargestellte Seite dazu nicht aus, wird der Text auf die nächste(n) Seite(n) placiert. PageMaker kann dazu gegebenenfalls selbsttätig neue Seiten einrichten. Der Befehl ist dazu angewählt.

Manuell: Das Positionieren endet am jeweiligen Seiten- bzw. Spaltenende. Der Befehl ist dazu nicht angewählt.

Halbautomatisch: PageMaker unterbricht das Positionieren am Spaltenende, der Rest des zu positionierenden Textes bleibt aber noch im Sinnbild geladen. Sie können sofort mit dem Positionieren weitermachen.

Diesen Befehl können Sie nicht im Menü anwählen. Vielmehr müssen Sie beim Placieren gleichzeitig mit dem Mausklick die Shift-Taste gedrückt halten. Dabei spielt es keine Rolle, ob Sie sich in manuellem oder automatischem Textanschluß befinden.

»Konturenführung...«

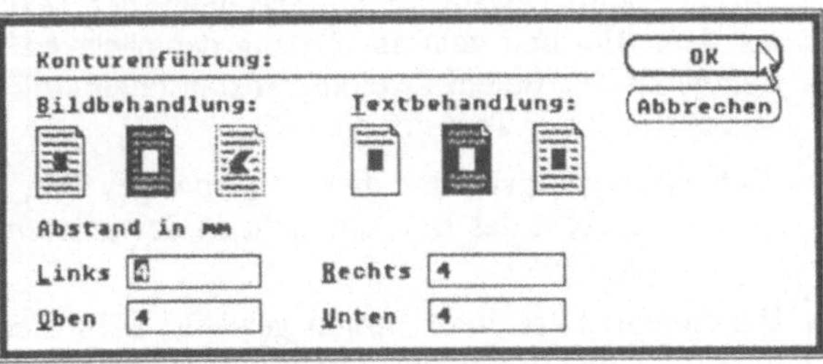

Hier bestimmen Sie, wie PageMaker Text um Bilder herumführt. Um jedes Bild wird ein nichtdruckender gedachter Rahmen gelegt, der den Konturen des Bildes entspricht. An diese Bildbegrenzung kann der Text beim Positionieren direkt anstoßen. Den Abstand des Rahmens zum Bild können Sie ebenfalls frei wählen. Bevor der Text positioniert wird, muß eine Bildbegrenzung da sein. Ist keine Bildbegrenzung vorhanden, wird der Text über das Bild hinweggeführt. Setzen Sie die Art der Konturenführung fest, bevor Sie ein

Dokument geöffnet haben, gilt diese für alle zu positionierenden Bilder. Wollen Sie die Konturenführung nur für ein bestimmtes Bild in einem geöffneten Dokument festlegen, müssen Sie dieses zunächst markieren, bevor Sie den Befehl wählen.

Es gibt drei Arten der Bildbegrenzung:

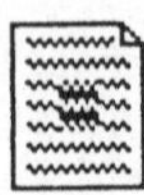

Ohne Bildbegrenzung: Der Text läuft ohne Aussparung über das Bild weg.

Rechteckige Bildbegrenzung: Der Text läuft in einem von Ihnen festzulegenden Abstand rechteckig um das Bild herum. Wählen Sie diese Variante, ändert sich automatisch die Art der Textbehandlung auf Herumlegen.

Unregelmäßige Bildbegrenzung: Die Grundform des Bildes ist nicht rechteckig. Diese Variante ist im Dialogfeld nicht wählbar. Wenn Sie bereits die Form des Rahmens mit dem Mauspfeil geändert haben, ist diese Variante angewählt. Sie müssen dazu den Begrenzungsrahmen mit dem Mauspfeil auf der Seite geändert haben.

Dann bestimmen Sie die Art der Textbehandlung. Wiederum haben Sie drei Möglichkeiten:

Spaltenwechsel: Ist diese Option gewählt, wechselt PageMaker die Spalte bzw. bei einspaltigem Satz die Seite, allerdings nur, wenn Sie den Befehl »Autom. Textanschluß« gewählt haben. Das heißt, der Text endet vor dem Bild und geht am Anfang der nächsten Spalte weiter. Ist der Befehl »Autom. Textanschluß« nicht gewählt, stoppt der Text vor dem Bild.

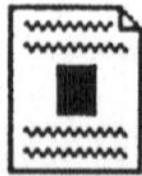

Bild überspringen: Ist diese Option gewählt, überspringt der Text das Bild und geht an der unteren Bildbegrenzung weiter.

Herumlegen: Ist diese Option gewählt, fließt der Text links und rechts um die vorher festgelegten Konturen des Bildes.

»Farben definieren...«

Sie können mit PageMaker Volltonfarbauszüge drucken. D.h., PageMaker druckt alle Elemente, die z.B. rot sind, auf einem Blatt aus, alle Elemente, die grün sind, auf einem anderen, usw. (*Menü »Datei«*, Befehl »Drucken...« Option »Volltonfarbauszüge«). Sie können diese Farben definieren, indem Sie einen beliebigen Namen wählen und die Komponenten der Farbe festlegen. Da diese Möglichkeit weder für die Darstellung am Bildschirm noch für die Herstellung von Volltonfarbauszügen großen Nutzen hat, ist hier offensichtlich für eine spätere PageMaker-Version geplant worden. Zum Definieren von Farben können Sie eines der folgenden Farbsysteme benützen:

RGB - Rot, Grün, Blau

THS - Farbton, Helligkeit, Sättigung

CMGS - Cyan, Magenta, Gelb, Schwarz

Da Farben im Offset-Druck mit dem CMGS-System gedruckt werden, wählen Sie am besten dieses System. Wenn Sie wollen, können Sie die jeweilige Prozentzahl der Komponenten eingeben, der Ausdruck erscheint in schwarz, solange Sie keinen Farbdrucker angeschlossen haben. Auch an einem Farbbildschirm wird die Farbe nicht völlig korrekt wiedergegeben, da dort Farbe additiv aufgebaut wird.

Wählen Sie den Befehl an, wenn Sie ein neues Dokument geöffnet haben, werden in dem auftauchenden Dialogfeld zunächst die sechs von PageMaker vorgegebenen Farben in einer Liste gezeigt.

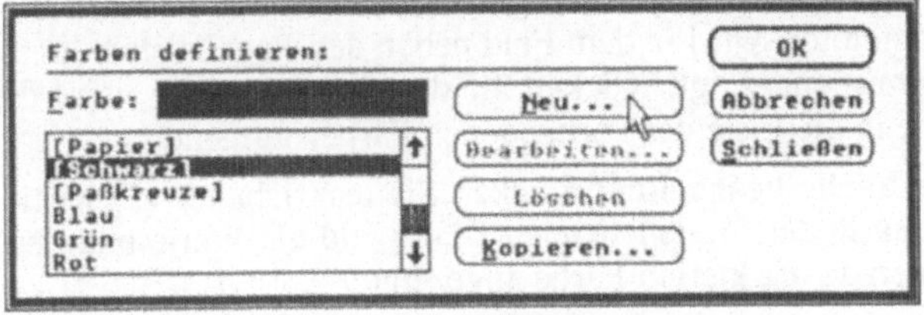

- Die Farbe [Papier] ist als weiß definiert, kann jedoch von Ihnen geändert werden.

- Die Farbe [Schwarz] kann nicht geändert werden. Sie wird automatisch als Standardvorgabe für jeden Text angewendet. Sie können aber einem Text eine andere Farbe zuordnen.

- Die Farbe [Paßkreuze] ist keine eigentliche Farbe. Sie kann auch nicht geändert werden. Sie ist eine Eigenschaft, die Elementen wie eine Farbe zugeordnet werden kann. Sie können diese Eigenschaft Elementen zuordnen, die als Druckhilfe auf jeder Druckform erscheinen sollen, also z.B. Paßkreuze. Alle mit dieser Farbe versehenen Elemente erscheinen beim Drucken eines mehrfarbigen Farbauszuges auf jedem Blatt, unabhängig von der Farbe.

- Blau, Grün und Rot sind Volltonfarben, deren Farbton beliebig definiert werden kann. Eine Farbe definieren können Sie
  über die Schalter »Neu...« und »Bearbeiten...«, die Sie im
  Dialogfeld sehen.

Neue Farbe definieren: Wollen Sie eine völlig neue Farbe definieren, klicken Sie auf dem Schalter »Neu...«. Dabei spielt es keine
Rolle, welche Farbe in der Liste gerade angewählt ist.

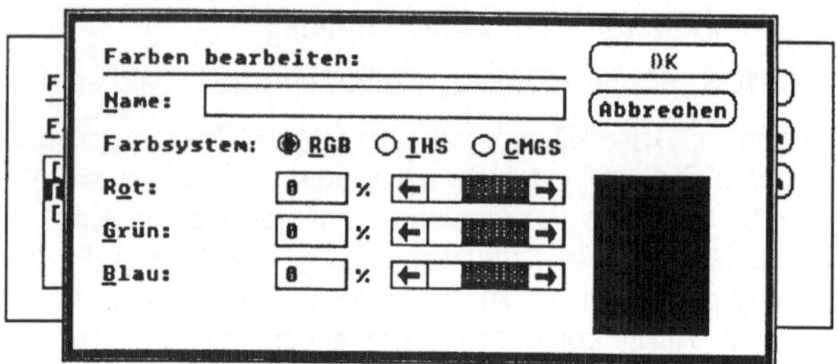

Daraufhin erscheint ein Dialogfeld, in dem Sie der Farbe einen be-
liebigen Namen geben können. Dann wählen Sie das Farbsystem.
Geben Sie entweder die Zahlenwerte der einzelnen Komponenten
der Farbe ein, oder schieben Sie die Regelleisten der Komponenten
mit dem Mauspfeil auf den gewünschten Wert. Besitzen Sie einen
Farbmonitor, wird in dem Feld neben den Regelleisten der aktuelle
Farbwert angezeigt. Klicken Sie den Schalter »OK«, wird die neue
Farbe in die Liste der vorhandenen Farben aufgenommen.

Eine Farbe bearbeiten: Klicken Sie den Schalter »Bearbeiten...«,
werden in dem auftauchenden Dialogfeld die Werte und der Name
der gerade markierten Farbe angezeigt.

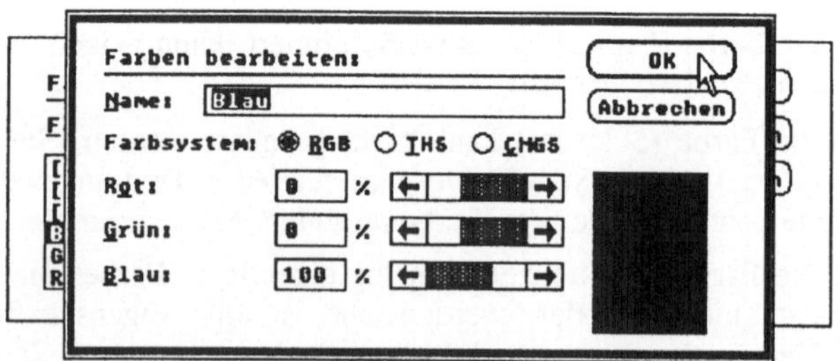

Sie können nun sowohl den Farbnamen ändern als auch die Werte
der Farbkomponenten. Dasselbe Dialogfeld erscheint auch, wenn
Sie bei eingeblendeter Farbpalette auf einer Farbe aus der Liste
klicken und dabei die Ctrl-Taste drücken. Dieser Befehl ist für die

Farben [Schwarz] und [Paßkreuz] nicht verfügbar. Klicken Sie den Schalter »OK«, wird die bearbeitete Farbe in die Liste der vorhandenen Farben aufgenommen. Die alte Definition bzw. der alte Name der Farbe existiert nicht mehr. Dasselbe Dialogfeld erscheint, wenn Sie zweimal auf dem zu bearbeitenden Farbnamen klicken. Neben den Schaltern »Neu...« und »Bearbeiten...« gibt es noch die Schalter »Löschen« und »Kopieren...«.

Eine Farbe löschen: Sie löschen eine markierte Farbe aus der Liste, indem Sie den Schalter »Löschen« anwählen. Daraufhin werden alle Elemente des Dokumentes, die diese Farbe hatten, mit der Farbe [Schwarz] versehen. Sie müssen diesen Befehl in einem Warnfeld nochmals bestätigen.

Eine Farbe kopieren: Wollen Sie Farben, die bereits in einem anderen Dokument oder einer Mustervorlage definiert wurden, in Ihr aktuelles Dokument übernehmen, wählen Sie den Schalter »Kopieren...«.

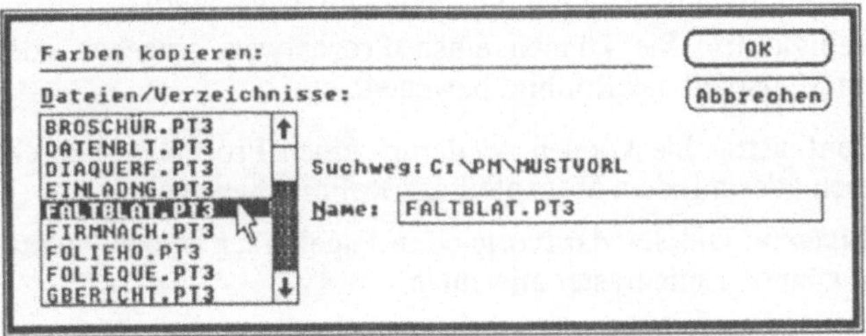

In dem auftauchenden Dialogfeld finden Sie eine Liste aller PageMaker-Dokumente, aus denen Sie Farben übernehmen können. Wählen Sie das entsprechende Dokument an. PageMaker kopiert dann die Farben mit Namen und Definition diese Dokumentes in die Farbpalette Ihres aktuellen Dokumentes. Befindet sich dort schon eine Farbe mit demselben Namen, werden Sie gefragt, ob diese Farbe durch die neue gleichnamige Farbe ersetzt werden soll.

Ein Element mit Farbe versehen: Sie können ein Element Ihres Dokumentes mit einer Farbe versehen, indem Sie es markieren, dann den Befehl »Farben definieren...« aufrufen und die gewünschte Farbe in der Liste anwählen. Klicken Sie jetzt den Schalter »OK«. Eine andere Methode ist es, die Farbpalette mit dem Befehl »Farbpalette« im *Menü »Optionen«* im Arbeitsfenster einzublenden und den markierten Gegenstand direkt mit einer Farbe aus der Farbpalette zu versehen.

»Bild nachbearbeiten...«

Mit diesem Befehl können Sie Bitmustergrafiken oder mit einem
Scanner digitalisierte Bilder bearbeiten, nicht dagegen die mit
PageMaker gezeichneten Bilder, Formelementegrafiken oder Bil-
der im EPS-Format.

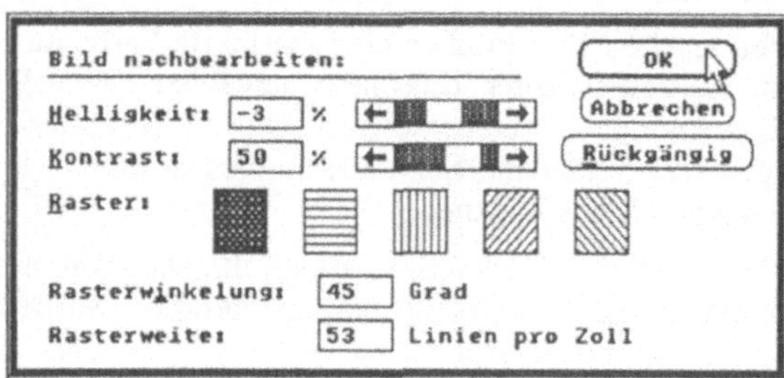

Im Dialogfeld können Sie folgende Optionen ändern:

»**Helligkeit:**«: Sie können einen Prozentwert eingeben oder mit
dem Mauspfeil das Rollbild bewegen.

»**Kontrast:**«: Sie können wiederum einen Prozentwert direkt eingeben oder mit dem Mauspfeil das Rollbild bewegen.

»**Raster:**«: Die Standardvorgabe in PageMaker ist das Punktraster,
Sie können Linienraster anwählen.

»**Rasterwinkelung:**«: Die Standardvorgabe in PageMaker ist
45 Grad. Dabei wird von einer waagerechten Linie ausgehend im
Uhrzeigersinn gemessen. In diesem Winkel erscheinen die Raster-
linie am wenigsten auffällig. Bei mehrfarbigem Druck kann dieser
Winkel jedoch nur für eine Farbe beibehalten werden, da sonst
Moiré-Effekte auftreten würden. Üblicherweise werden die anderen Farben um 60° versetzt.

»**Rasterweite:**«: Die Standardvorgabe in PageMaker ist 53 Linien
pro Zoll. Den in Europa üblichen Wert in Linien pro Zentimeter
erhalten Sie, wenn Sie den Zollwert durch 2,54 dividieren. Der
Standardwert entspricht etwa 21 Linien pro Zentimeter.

»Eckenrundung...«

In dem Dialogfeld können Sie die Eckenrundung von Rechtecken
ändern, die Sie mit der Zeichenfunktion von PageMaker gezeichnet
haben.

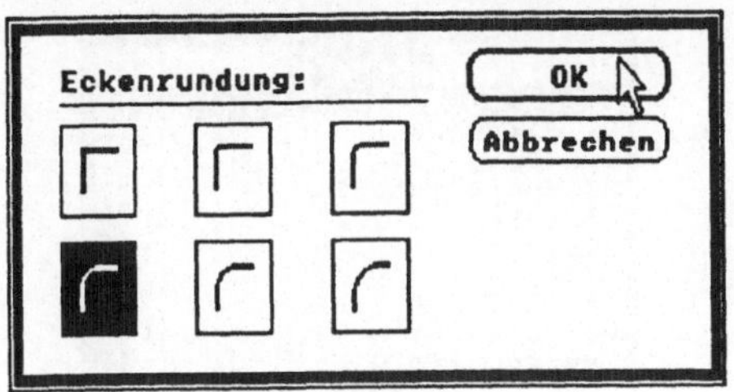

Das zu ändernde Rechteck muß vorher markiert sein. Ist nichts markiert, verändern Sie damit die Standardvorgabe für die Sonderrechteckfunktion.

»Funktionen«

Mit diesem Befehl können Sie das normalerweise in der oberen rechten Ecke gezeigte *Funktionenfenster* ausblenden. Wählen Sie den Befehl erneut, wird es wieder eingeblendet. Ist das Funktionenfenster ausgeblendet, können die verschiedenen Funktionen über die Tastatur eingegeben werden. Sie können das Funktionenfenster mit der Maus verschieben, indem Sie es an der Titelleiste an die gewünschte Stelle ziehen.

»Bildlaufleisten«

Mit diesem Befehl können Sie die im rechten und unteren Rand des Arbeitsfensters gezeigten Bildlaufleisten ausblenden. Sind die Leisten ausgeblendet, können Sie die Seite im Arbeitsfenster mit der PageMaker-Hand bewegen. Drücken Sie dazu Alt- und Maustaste. Gleichzeitig mit den Bildlaufleisten werden auch die Sinnbilder für die Seiten des Dokumentes ausgeblendet. Sie können mit dem Befehl »Seite anzeigen...« im *Menü »Seite«* blättern, oder Sie drücken Ctrl + Tab bzw. Ctrl + Shift + Tab, um die nächste bzw. die vorausgehende Seite darzustellen. Wählen Sie den Befehl erneut an, werden Bildlaufleisten und Seitensinnbilder wieder eingeblendet.

»Druckformatliste«   Ctrl + Y

Wählen Sie diesen Befehl, erscheint am rechten oberen Bildrand ein Fenster mit einer Liste der vorhandenen Druckformate. Wählen Sie den Befehl erneut an, wird die Liste wieder ausgeblendet.

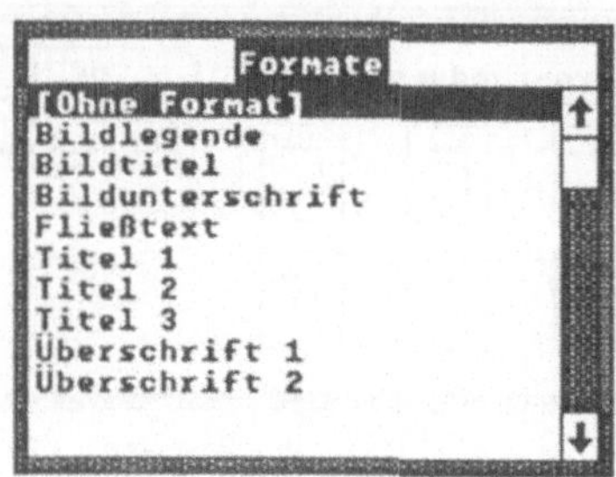

Durch Ziehen des Fensterrandes mit der Maus können Sie die Größe des Fensters verändern. Sie können auch das Fenster mit der Maus verschieben, indem Sie es an der Titelleiste an die gewünschte Stelle des Bildschirms ziehen.

Sie versehen einen Absatz mit einem Druckformat, indem Sie die Einfügeposition auf den Absatz setzen und das gewünschte Format auf der Liste anklicken. Wollen Sie ein Druckformat bearbeiten, wählen Sie es auf der Liste an, und drücken Sie gleichzeitig die Ctrl-Taste. Dann erscheint das Dialogfeld »Druckformate bearbeiten« aus dem *Menü »Typographie«*.

»Farbpalette«   Ctrl + X

Wählen Sie diesen Befehl, erscheint am rechten oberen Bildrand ein Fenster mit einer Liste der verfügbaren Farben.

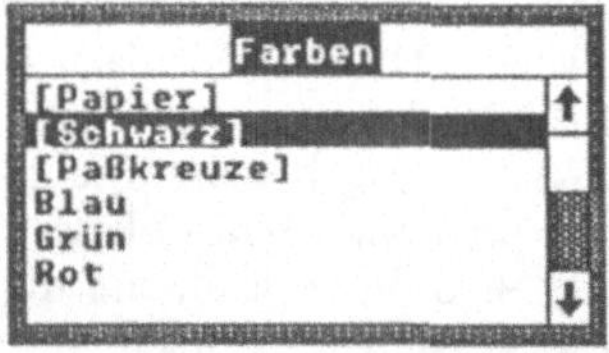

Größe und Position des Fensters kann durch Ziehen mit der Maus verändert werden. Sie können ein Element mit einer Farbe versehen, indem Sie das betreffende Element (Text oder Bild) markieren und die gewünschte Farbe auf der Liste anklicken. Wollen Sie eine Farbe bearbeiten, wählen Sie sie auf der Liste an und drücken Sie gleichzeitig die Ctrl-Taste. Darauf erscheint das Dialogfeld »Farben bearbeiten« aus dem *Menü »Optionen«*. Wählen Sie den Befehl erneut an, wird die Liste wieder ausgeblendet.

Menü »Seite«

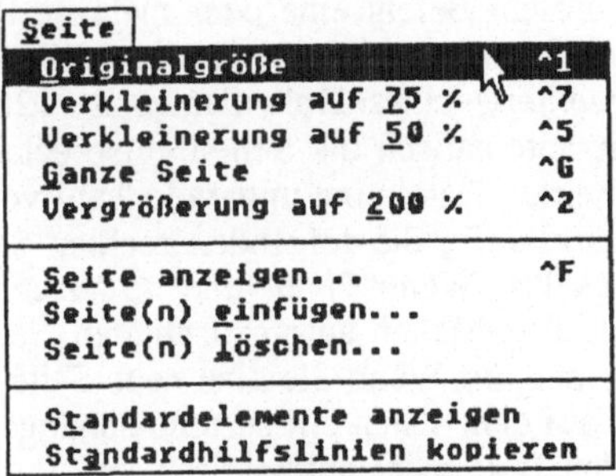

Mit der ersten Gruppe von Befehlen können Sie die Darstellungsgröße der Seite verändern. Sieben verschiedene Darstellungsgrößen stehen zur Verfügung:

»Originalgröße«   Ctrl + 1

Die Seite wird im Maßstab 1:1 dargestellt, d.h., Teile der Seite passen evtl. nicht auf Ihren Bildschirm.

»Verkleinern auf 75%«   Ctrl + 7

Die Seite wird im entsprechenden Maßstab dargestellt.

»Verkleinern auf 50%«   Ctrl + 5

Die Seite wird im entsprechenden Maßstab dargestellt.

»Ganze Seite«   Ctrl + G

Dabei paßt die gesamte Seite mit einem Teil der *Montagefläche* auf Ihren Bildschirm, gleichgültig, wie groß dieser ist. Drücken Sie beim Anwählen dieses Befehls im Menü die Shift-Taste, wird die gesamte Montagefläche (ca. 63 cm x 59 cm) auf Ihrem Bildschirm dargestellt.

»Vergrößerung auf 200%«   Ctrl + 2

Die Seite wird im entsprechenden Maßstab dargestellt. Drücken Sie bei der Wahl dieses Befehls (im Menü oder über die Tastatur) die Shift-Taste, wird »Vergrößerung auf 400%« dargestellt.

»Seite(n) einfügen...«

Sie können mit diesem Befehl eine oder mehrere Seiten vor oder
nach der Seite einfügen, die gerade auf dem Bildschirm ist. Der
maximale *Seitenumfang* eines Dokumentes ist 128 Seiten. Page-
Maker numeriert automatisch die Seiten entsprechend um. Fügen
Sie in eine zweiseitige Datei eine ungerade Zahl von neuen Seiten
ein, werden zwangsläufig die folgenden rechten Seiten zu linken
Seiten und umgekehrt. Wenn *Bund-* und *Außenstege* unterschiedlich sind, ordnet PageMaker automatisch den Seiteninhalt, also
Text und Bilder, neu an. Wenn Sie eine neue Seite zwischen zwei
Seiten einfügen, auf denen sich ein zusammenhängender *Textblock*
befindet, wird der Text nicht automatisch auf die neue Seite gesetzt. Die neue Seite bleibt also leer, automatisch enthält sie lediglich alle Elemente der *Standardseite*.

Bei zweiseitigen Dokumenten ist zu beachten, daß Seitenelemente
wie etwa angeschnittene Bilder, die von der linken Seite auf die
rechte Seite reichen, immer auf der (alten) linken Seite liegen bleiben, auch wenn diese durch die Einfügung zu einer rechten Seite
wird. Dadurch würde dann das angeschnittene Bild auf die Montagefläche ragen.

Waagerechte Linealhilfslinien werden beim Einfügen einer einzelnen neuen Seite zwischen zwei Doppelseiten automatisch von der
alten Doppelseite auf die neue übertragen. Die maximale Anzahl
von 40 Linealhilfslinien wird jedoch nicht überschritten.

»Seite(n) löschen...«

Mit diesem Befehl können Sie eine oder mehrere Seiten aus dem
Dokument löschen. Dabei werden die Seiten komplett mit allen
Elementen gelöscht. Sie müssen den Verlust der Seiten nochmals
in einem Warnfeld bestätigen. Nach dem Löschen wird der Text
der vorausgehenden Seite automatisch mit dem Text der folgenden
Seite verknüpft. Die Seiten werden automatisch neu numeriert. Bei
Doppelseiten gelten für das Löschen dieselben Überlegungen wie
beim Einfügen einer Seite.

Wollen Sie den Inhalt einer Seite, etwa ein Bild, für die Weiter-
verwendung retten, ziehen Sie es vor dem Löschen der betreffenden Seite einfach auf die *Montagefläche*. Von dort können Sie es
auf jede beliebige andere Seite ziehen. Da PageMaker auch leere
Seiten ausdruckt, müssen Sie jede Seite löschen, die nicht gedruckt
werden soll.

»Seite anzeigen...«   Ctrl + F

Mit diesem Befehl können Sie in Ihrem Dokument blättern. Im Dialogfeld können Sie angeben, welche Seite auf dem Bildschirm dargestellt werden soll. Bei eingeblendeten Bildlaufleisten und Seitensinnbildern erreichen Sie dasselbe durch Anklicken des entsprechenden Seitensinnbildes.

»Standardelemente anzeigen«

Alle Elemente der *Standardseiten* werden automatisch auf den entsprechenden normalen Seiten gezeigt. Mit diesem Befehl können Sie die druckenden Elemente der Standardseite auf der gerade dargestellten normalen Seite ausblenden, z.B. eine Seitenzahl. Der Befehl bezieht sich nur auf die momentan dargestellte Seite. Es werden alle druckenden Elemente gleichzeitig ausgeblendet. Notfalls müssen Sie ein gewünschtes Element neu auf die Normalseite placieren. Wollen Sie nur ein einziges Standardelement von mehreren ausblenden, ist es am besten, dieses Element mit einer weißen randlosen Fläche zu überdecken, die beim Ausdrucken dann nicht gesehen wird. Nichtdruckende Hilfslinien der Standardseite werden nach wie vor auf der Normalseite dargestellt. Durch erneutes Anwählen des Befehls werden die Standardelemente wieder eingeblendet.

»Standardhilfslinien kopieren«

Sie können auf einer *Normalseite* die Hilfslinien der Standardseite verschieben, wenn im *Menü »Optionen«* der Befehl »Hilfslinien festsetzen« nicht angewählt ist. Eine solche Verschiebung betrifft nur die gerade dargestellte Seite. Wollen Sie eine solche Verschiebung wieder rückgängig machen, können Sie mit diesem Befehl die ursprüngliche Position der Standardhilfslinien wieder herstellen.

Menü »Steuerung«

```
Wiederherstellen      Alt+F5
Bewegen               Alt+F7
Größe ändern          Alt+F8
Sinnbild              Alt+F9
Vollbild              Alt+F10

Schließen             Alt+F4

Zwischenablage
Systemsteuerung
Notizblock
Spooler
```

Dieses Menü ist ein Windows-Menü. Mit ihm können Sie das Arbeitsfenster beeinflußen und Windows-Programme aufrufen.

»Wiederherstellen«   **Alt + F5**

Dieser Befehl stellt die Größe des Arbeitsfensters vor einer Größenänderung mit den Befehlen »Sinnbild« und »Vollbild« her.

»Bewegen«   **Alt + F7**

Durch diesen Befehl wird der Mauspfeil zu einem Pfeilkreuz. Sie können das Arbeitsfenster jetzt mit den Pfeiltasten auf dem Bildschirm bewegen. Dies können Sie auch, indem Sie das Arbeitsfenster mit der Maus an der Titelleiste ziehen.

»Größe ändern«   **Alt + F8**

Durch diesen Befehl wird der Mauspfeil zu einem Pfeilkreuz. Sie können damit die Größe des Arbeitsfensters jetzt mit den Pfeiltasten ändern. Dies können Sie auch, indem Sie mit der Maus am Rand des Arbeitsfensters ziehen.

»Sinnbild«   **Alt + F9**

Dieser Befehl verkleinert das Arbeitsfenster zum Sinnbild. Zweimaliges Klicken auf dem Sinnbild stellt die vorherige Größe wieder her.

»Vollbild«   **Alt + F10**

Dieser Befehl vergrößert das Arbeitsfenster auf die maximale Größe. Wählen Sie diesen Befehl ein zweites Mal an, erhält das Arbeitsfenster wieder seine ursprüngliche Größe.

»Schließen«   **Alt + F4**

Dieser Befehl beendet Ihre PageMaker-Sitzung. Aber zunächst werden Sie gefragt, ob Sie Änderungen an Ihrem Dokument abspeichern wollen. Um Windows zu verlassen, müssen Sie nochmals denselben Befehl ausführen. Dann werden Sie gefragt, ob Sie tatsächlich Windows verlassen wollen.

»Zwischenablage«

Damit können Sie den Inhalt der Windows-Zwischenablage sichtbar machen. In ihr finden Sie die zuletzt aus einer Datei kopierten oder ausgeschnittenen Daten. Diese Datei kann aus einem beliebigen Windows-Programm stammen, z.B. aus *Notizblock* oder PageMaker. Der Inhalt der Zwischenablage wird durch den Befehl »Einfügen« im *Menü »Bearbeiten«* in die PageMaker-Datei übertragen. Das Fassungsvermögen der Zwischenablage ist 64 KByte.

»Systemsteuerung«

Benützen Sie die volle Windows-Version, können Sie diesen Befehl nicht ausführen, wenn Sie schon ein Dokument geladen haben. Entweder Sie schließen Ihr Dokument, oder Sie verkleinern Page-Maker zum Sinnbild und wählen die Systemsteuerung von der Windows-Ebene aus an. Mit der Systemsteuerung von Windows werden die Grundeinstellungen Ihres Systems vorgenommen. Sie können Uhrzeit und Datum einstellen, indem Sie die zu ändernden Angaben markieren und mit den dann erscheinenden Pfeilen nach oben oder unten korrigieren. Die Blinkgeschwindigkeit des Cursors bestimmen Sie genauso. Hier können Sie auch die Klickfrequenz für die Maus einstellen. Mit der Systemsteuerung können Sie die möglichen Drucker- und Bildschirmeinstellungen wählen. Es gibt dafür drei Untermenüs:

»Installation«

Dieses Menü dient zum Installieren beziehungsweise Löschen von neuen Druckern und Bildschirmzeichensätzen.

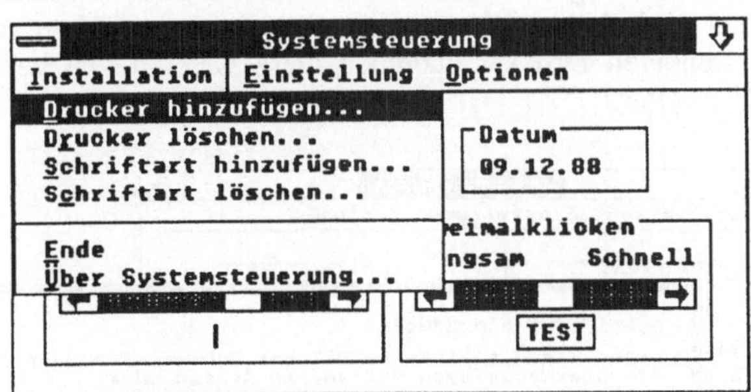

Wollen Sie einen anderen Drucker installieren, müssen Sie dazu die Diskette mit dem entsprechenden Druckertreiber haben. Drukkertreiber befinden sich auf einer der Windows-Disketten und auf einer der PageMaker-Disketten.

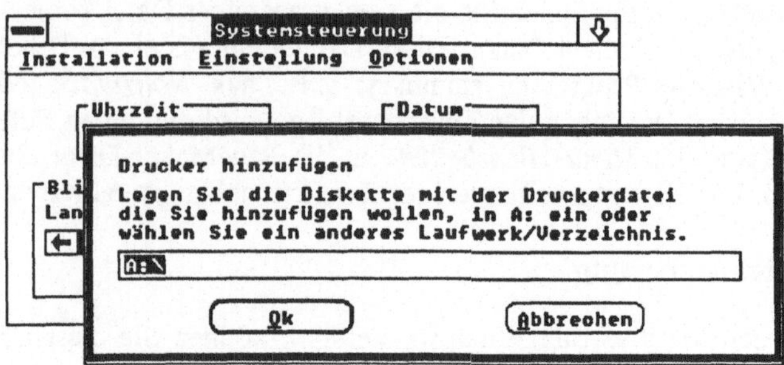

Wollen Sie einen installierten Drucker wieder löschen, wählen Sie »Drucker löschen...« an. Im Dialogfeld markieren Sie den entsprechenden Drucker und klicken auf »Löschen«.

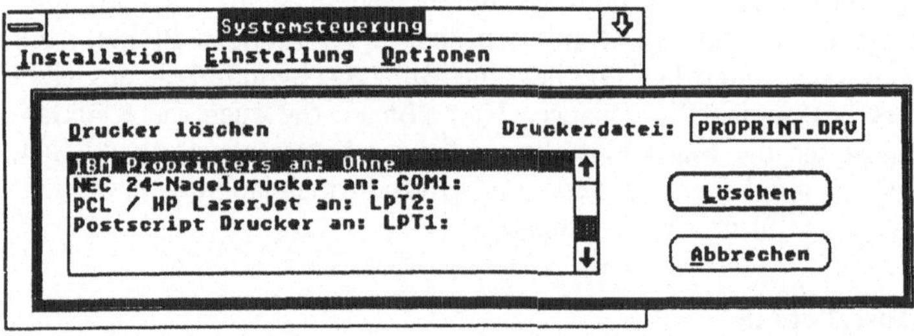

Für eine neu zu installierende Schriftart brauchen Sie ebenfalls eine Diskette mit dem entsprechenden Zeichensatz. Mit dem Befehl »Schriftart hinzufügen...« können Sie den zum Druckerzeichensatz passenden Bildschirmzeichensatz installieren. Je nach dem von Ihnen verwendeten Drucker stammen diese Dateien von verschiedenen Herstellern.

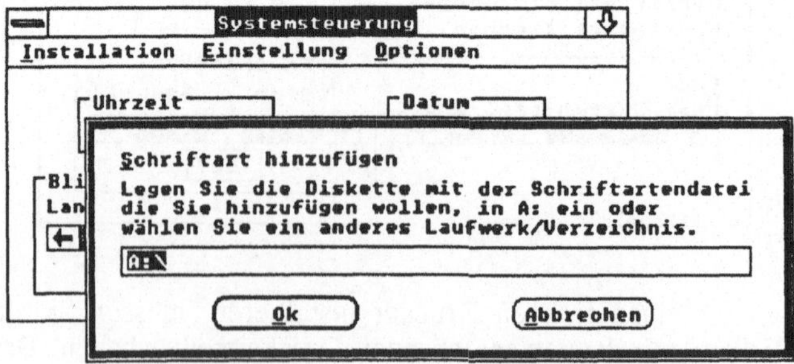

Wollen Sie eine installierte Schrift wieder löschen, wählen Sie
»Schriftart löschen...« an. Im Dialogfeld markieren Sie die entsprechende Schriftart und klicken auf »Löschen«.

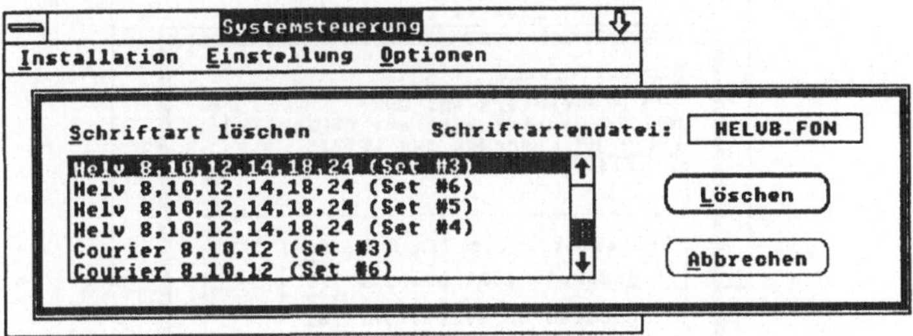

»Einstellung«

Im zweiten Menü legen Sie fest, auf welchem Ausgang (Port, In-
terface) welcher Drucker liegt.

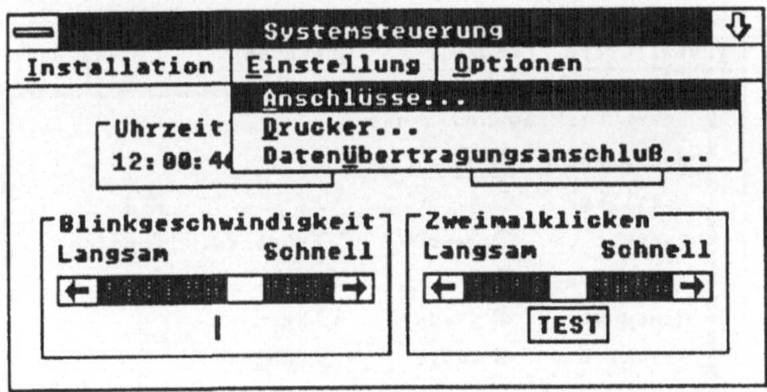

Wenn Sie eine Datei auf Diskette drucken wollen, um diese außer
Haus ausdrucken zu lassen, können Sie direkt in die Druckdatei
DRUCK.PRN drucken. Diese Datei kann dann auf der DOS-Ebene
ausgedruckt werden. Die Datei kann auf diese Weise nicht mehr
versehentlich geändert werden.

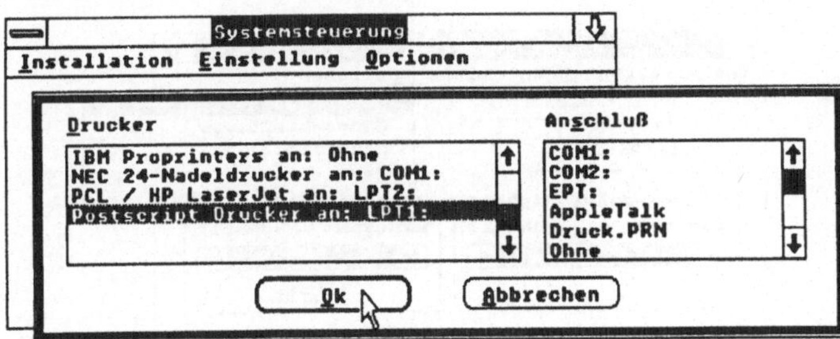

Im Dialogfeld »Drucken...« können Sie die Fehlerwartezeit festlegen, falls ein Druckvorgang nicht zustandekommt.

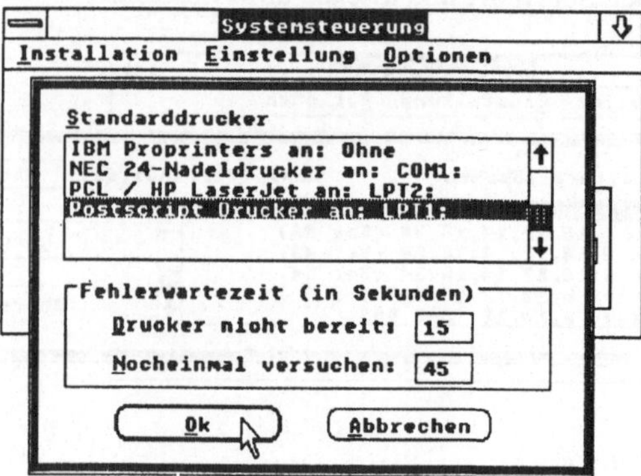

In diesem Dialogfeld können Sie verschiedene Parameter für die Datenübertragung ändern. Ziehen Sie dazu auch das Handbuch für Ihren Drucker zu Rate.

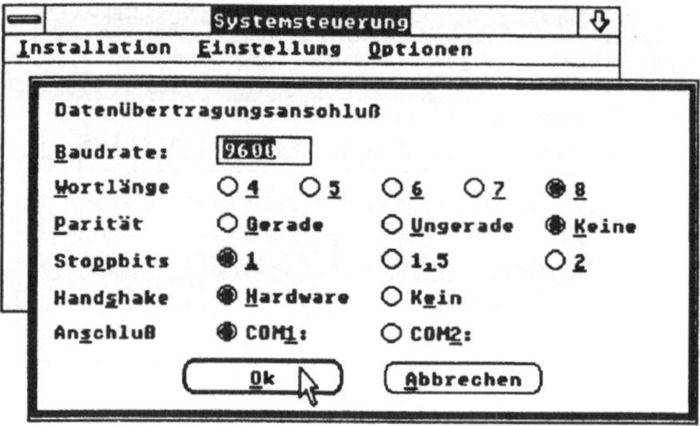

»Optionen«

Im dritten Menü können Sie verschiedene Grundeinstellungen festlegen und den Signalton an- oder ausschalten.

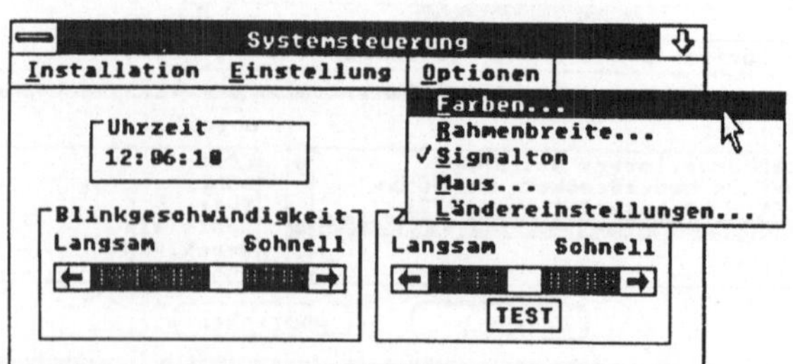

Im ersten Dialogfeld wählen Sie Bildschirmfarben.

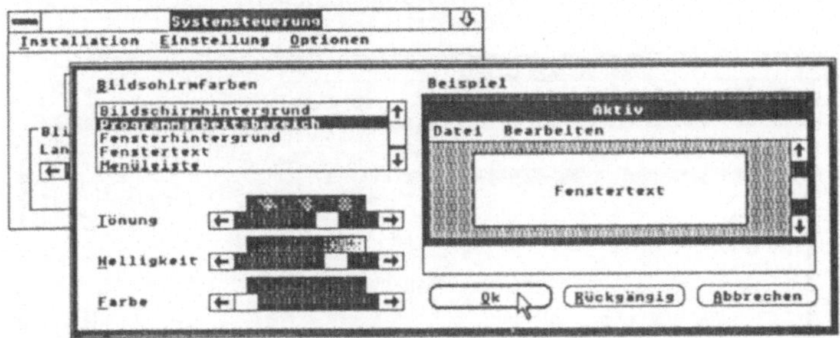

Im nächsten Dialogfeld wählen Sie die Rahmenbreite der einzelnen
Fenster. Die Standardvorgabe ist 5.

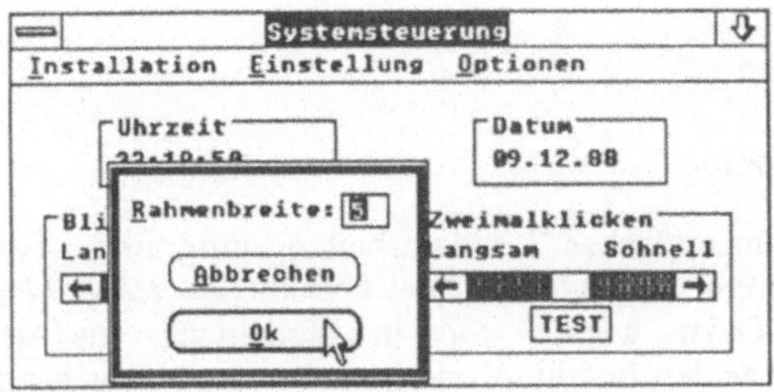

Im nächsten Dialogfeld können Sie die Maustasten vertauschen und
die Geschwindigkeit des Doppelklickens ändern.

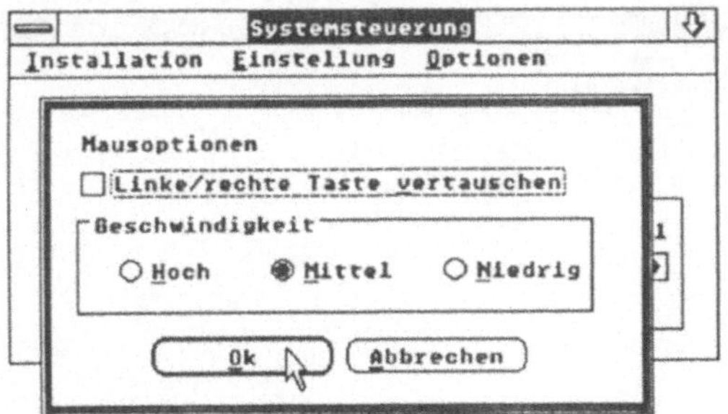

Im Dialogfeld »Ländereinstellungen« bestimmen Sie Zeit- und Datumsschreibweisen sowie Währungseinheiten.

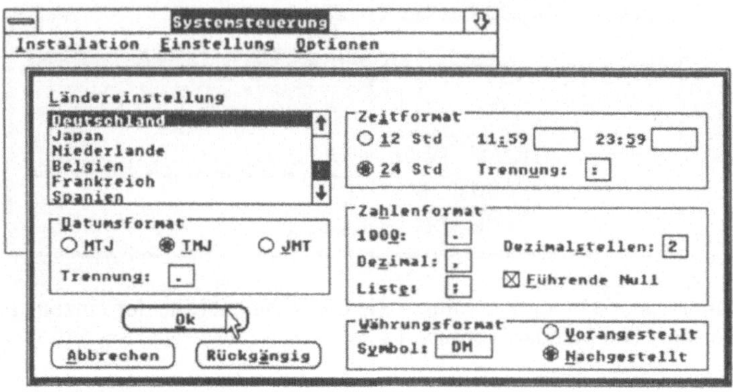

»Notizblock«

Dies ist ein einfaches Textverarbeitungsprogramm. Texte daraus können in eine PageMaker-Datei über die *Zwischenablage* kopiert werden. Dazu wählen Sie in Notizblock aus dem Menü »Bearbeiten« den Befehl »Kopieren«. In PageMaker kann dann der Text mit dem Befehl »Einfügen« (*Menü »Bearbeiten«*) übernommen werden.

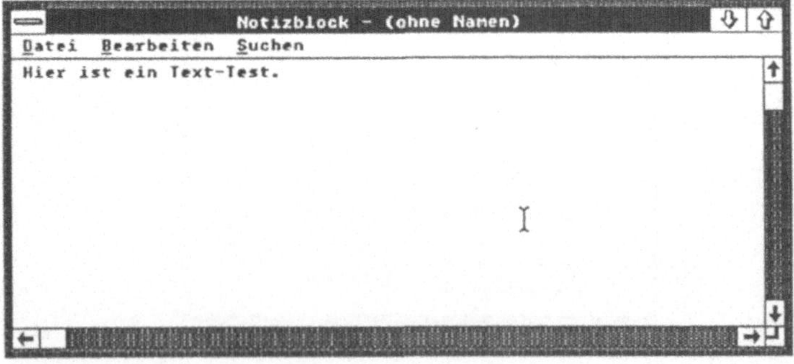

Am ehesten brauchen Sie Notizblock, um Dateien wie WIN.INI, WICHTIG, oder PMDTBEN.TXT, die mit dem PageMaker-Paket geliefert werden, anzuschauen oder zu ändern, wenn Sie sonst keinen Editor zur Verfügung haben.

»Spooler«

Der Spooler ist ein Programm, das Ihnen ermöglicht, während des
lange dauernden Druckvorgangs gleichzeitig mit Ihrem Computer
zu arbeiten.

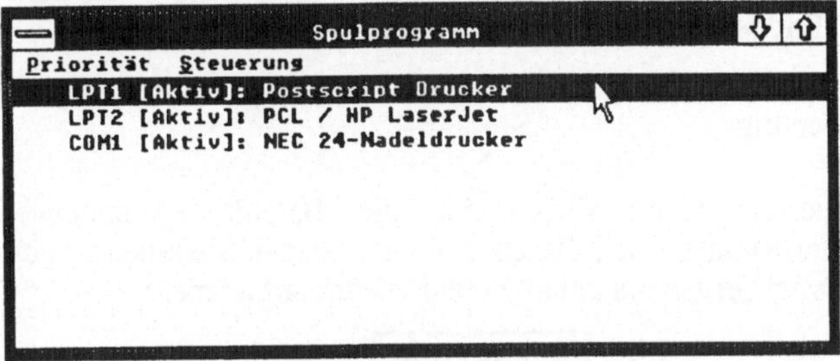

Wie ein Puffer speichert der Spooler zunächst die zu druckende
Datei auf der Festplatte. Von der Festplatte wird das Dokument
(oder die Dokumente) portionsweise an den Drucker geleitet und
dort ausgedruckt, während Sie weiter mit PageMaker arbeiten. Sie
können sogar mehrere Dokumente hintereinander an den Drucker
schicken. Diese sind dann in einer Warteschlange und werden der
Reihe nach bearbeitet. Wenn Sie den Spooler aufrufen, sehen Sie
zunächst ein Fenster, in dem Ihnen gezeigt wird, welcher Drucker
auf welchem Ausgang liegt und welche Dokumente gerade gedruckt werden bzw. in der Warteschlange sind. Außerdem können
Sie zwei Untermenüs anwählen:

»Priorität«

Das erste Untermenü ist das Menü »Priorität«. In ihm können Sie
die Geschwindigkeit des Spoolers beeinflussen.

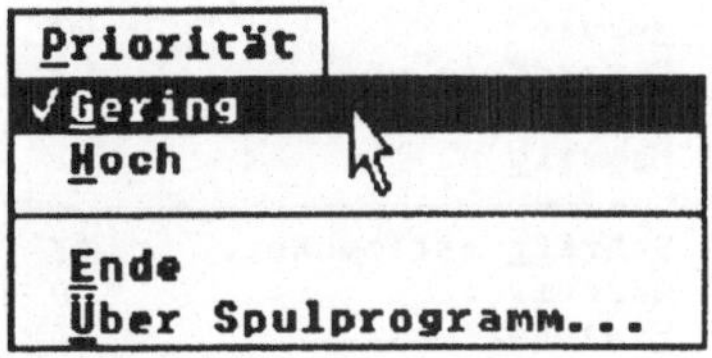

Der Spooler stiehlt Rechenkapazität von Ihrem Computer, um die
Datei immer wieder an den Drucker weiterleiten zu können. Da Ihr
Computer aber eine begrenzte Kapazität hat, fehlt die vom Spooler
beanspruchte Zeit woanders. Wenn Sie über die Option »Priorität

Hoch« dem Spooler mehr Kapazität zugestehen, druckt er zwar schneller, aber dafür wird das im Vordergrund laufende Programm, also z.B. PageMaker, zwangsläufig langsamer. Je nach Geschwindigkeit Ihres Computers und der Festplatte macht sich das bemerkbar. Um wieder auf die normale Geschwindigkeit zu kommen, wählen Sie die Option »Priorität Gering«. Mit dem Befehl »Ende« verlassen Sie den Spooler wieder.

»Steuerung«

In diesem Menü finden Sie die Befehle »Anhalten« und »Weitermachen«. Mit diesen Befehlen können Sie einen Druckvorgang vorübergehend anhalten und wieder aufnehmen.

Falls mehrere Drucker an Ihren Computer angeschlossen sind, müssen Sie im Spoolerfenster den Drucker, den Sie stoppen wollen, vorher mit der Maus anwählen. Erst dann klicken Sie den Befehl »Anhalten«.

Menü »Typographie«

Mit den Befehlen dieses Menüs können Sie die optische Erscheinung des Textes in Ihrem Dokument beeinflussen. Näheres zu Typographie und zur Terminologie finden Sie unter *Schrift*.

Mit folgenden Befehlen beeinflussen Sie den Schriftschnitt des mit dem *Editor* markierten Textes:

»Normal«	**F5**
»Fett«	**F6**
»Kursiv«	**F7**
»Unterstrichen«	**F8**
»Durchgestrichen«	
»Negativ«	

Ist kein Text markiert, wird der gewählte Befehl zur *Standardvorgabe* für alle mit dem Editor geschriebenen Texte. Sie können beliebig viele dieser Merkmale gleichzeitig angewählt haben, müssen jedoch jedes einzeln im Menü anwählen. Jeder Befehl kann durch erneutes Anwählen wieder ungültig gemacht werden. Haben Sie das Merkmal »Negativ« angewählt, wird der Text in der Farbe [Papier] geschrieben. Er wird erst auf einem andersfarbigen Untergrund sichtbar.

»Schriftfestlegung...«   **Ctrl + T**

In diesem Dialogfeld können Sie nicht nur die Schriftart, Schriftgrad und Zeilenabstand (Durchschuß) bestimmen, sondern auch den Schriftschnitt, die Zeichenlage und die Buchstabenart. Der angeschlossene Reindrucker bestimmt, was für Schriftarten und Schriftgrade Ihnen zur Verfügung stehen. Diese Merkmale können Sie auch in einer beliebigen Kombination in einem Druckformat zusammenfassen und mit einem frei wählbaren Namen versehen.

Die Merkmale beziehen sich auf gerade markierten Text. Ist nichts markiert, wird diese Einstellung zur Standardvorgabe für alle mit dem Editor geschriebenen Texte. Im einzelnen können Sie folgende Merkmale festlegen:

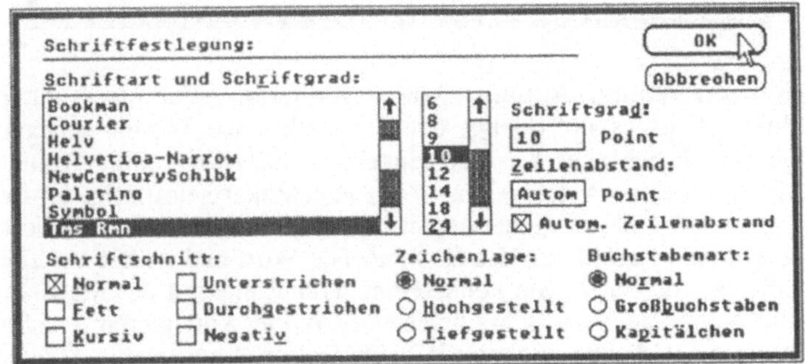

»**Schriftart und Schriftgrad**«: Je nach gewähltem Drucker haben Sie verschiedene Schriftarten und -grade zur Verfügung.

»**Zeilenabstand**«: Hier können Sie den gewünschten Durchschuß in Point angeben.

»**Autom. Zeilenabstand**«: Ist diese Option angewählt, wird ein Durchschuß proportional zum gewählten Schriftgrad verwendet. Die Standardvorgabe ist 120% des Schriftgrades. Diesen Wert können Sie mit dem Befehl »Abstände« im Menü »Typographie« ändern.

»**Schriftschnitt:**«: Es gibt die Möglichkeiten »Normal«, Fett«, »Kursiv«, »Unterstrichen«, »Durchgestrichen« und »Negativ«. Diese Eigenschaften können auch direkt im Menü »Typographie« angewählt werden.

»**Zeichenlage:**«: Sie haben die Wahl zwischen »Normal«, »Hochgestellt« und »Tiefgestellt«.

»**Buchstabenart:**«: Sie haben die Wahl zwischen »Normal«, »Großbuchstaben« und »Kapitälchen«.

»**Absatz...**«   **Ctrl + U**

In diesem Dialogfeld können Sie das Aussehen der Absätze in Ihrem Dokument bestimmen.

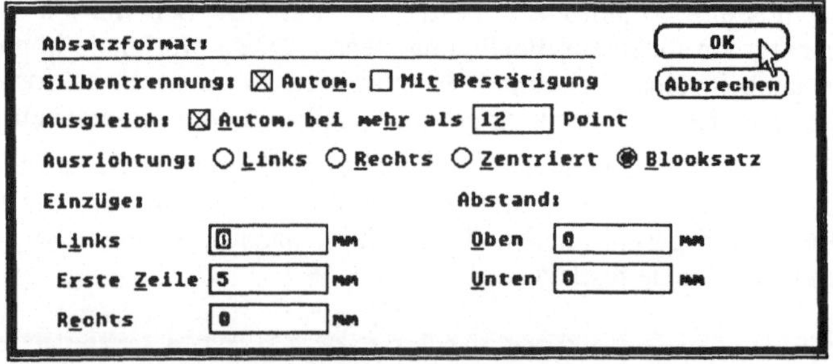

»**Silbentrennung: Autom./ Mit Bestätigung**«: Für einen guten Umbruch ist es notwendig, daß am Zeilenende Wörter getrennt werden. PageMaker hat eine eingebaute *Silbentrennung*. Wählen Sie die Option »Autom.« an, trennt PageMaker selbsttätig. Ist die Option »Mit Bestätigung« angewählt und ein Abschnitt markiert, zeigt Ihnen PageMaker das zu trennende Wort und wartet auf eine Eingabe von Ihnen. Sie können eine Trennstelle mit der Maus anklicken und auch die Schreibweise des Wortes korrigieren, ehe Sie »Weiter« anklicken. Haben Sie beide Optionen angewählt, können

Sie ein Wort auch noch zusätzlich in das *Benutzerwörterbuch* von PageMaker aufnehmen.

»Ausgleich: Autom. bei mehr als ... Point«: Ist diese Option angewählt, ist die automatische *Unterschneidung* aktiv. Damit können Sie den *Abstand* zwischen bestimmten Buchstabenpaaren beeinflussen, um ein geschlosseneres Schriftbild zu erreichen. Welche Buchstabenpaare ausgeglichen werden können, hängt von der verwendeten Schrift ab und kann von Ihnen nicht geändert werden. Da das Anwählen dieser Option die Arbeit mit PageMaker stark verlangsamt, empfiehlt es sich, nur ab einer bestimmten Schriftgröße auszugleichen. Standardvorgabe ist 12 Point, bei kleineren Schriftgrößen ist die Wirkung der Unterschneidung kaum erkennbar. Ist die Option abgewählt, müssen Sie manuell unterschneiden.

»Ausrichtung:«: Durch Wählen der betreffenden Option können Sie den Absatz links, rechts, zentriert oder im Blocksatz ausrichten.

»Einzüge:«: Hier können Sie den Einzug eines im Editor markierten Textes bestimmen. Wenn Sie den Einzug nicht zusammen mit einer *Maßeinheit* eingeben, gilt die Einheit, die im *Menü »Bearbeiten«* im Dialogfeld »Vorgaben wählen« festgesetzt wurde.

»Abstand:«: Hier geben Sie den Abstandswert ein, den die Absätze untereinander haben sollen. Wie üblich, beziehen sich die Merkmale auf gerade markierten Text. Ist nichts markiert, wird diese Einstellung zur Standardeingabe für alle mit dem Editor geschriebenen Texte. Diese Merkmale können Sie in einer beliebigen Kombination in einem *Druckformat* zusammenfassen und mit einem frei wählbaren Namen versehen.

»Einzüge/Tabs...«   **Ctrl + E**

Mit diesem Befehl werden Tabstops festgelegt. Bis zu 20 Tabs können definiert werden.

Im Dialogfeld sehen Sie ein Lineal, das mit der von Ihnen gewählten Maßeinheit dargestellt wird. In den Optionen darüber legen Sie die Ausrichtung der Tabstops fest. Die Option »Komma« wählen Sie z.B. für Preistabellen, bei denen die Dezimalstellen immer genau untereinander stehen sollen. Als Füllzeichen wählen Sie entweder eine der vorgeschlagenen Optionen, oder Sie setzen ein beliebiges Zeichen ein.

Auf dem Lineal sehen Sie kleine Marken. Die beiden Dreiecke links beziehen sich auf den linken Rand des Absatzs sowie den Einzug der ersten Zeile. Indem Sie diese Marken mit der Maus nach links oder rechts ziehen und dann »OK« anwählen, verändern Sie die Einzüge eines markierten Absatzs.

Als Standardvorgabe ist alle 10 mm ein linksgerichteter Tabstop gesetzt. Die Ausrichtung ist erkenntlich an der Richtung des Fähnchens: Nach links bedeutet rechtsbündige Ausrichtung, nach rechts dagegen linksbündige Ausrichtung. Ohne Fähnchen ist der Tabstop zentriert, und die Option »Komma« ist ebenfalls durch ein nach rechts weisendes Fähnchen gekennzeichnet, das etwas dicker ist als das des linksbündigen Tabstops. Durch einfaches Ziehen eines der Pfeile können Sie die Position des Stops verändern. Wollen Sie völlig neue Tabstops festlegen, wählen Sie zuerst die Option »Löschen«, um bestehende Tabstops zu löschen. Dann bestimmen Sie die Ausrichtung und das Füllzeichen des ersten Tabstops und klicken anschließend einfach auf die entsprechende Stelle des Lineals. Die Position des Tabstops wird in dem Zahlenfeld angezeigt und kann durch Verschieben korrigiert werden. Wie üblich, beziehen sich die Merkmale auf gerade markierten Text. Ist nichts markiert, wird diese Einstellung zur Standardeingabe für alle mit dem Editor geschriebenen Texte. Diese Merkmale können Sie in einer beliebigen Kombination in einem Druckformat zusammenfassen und mit einem frei wählbaren Namen versehen.

»Druckformate definieren...«

Druckformate sind eines der wirkungsvollsten Arbeitsmittel von PageMaker. In diesem Dialogfeld können Sie ein neues Druckformat definieren, ein existierendes bearbeiten oder löschen und Druckformate aus anderen PageMaker-Dokumenten übernehmen. Wählen Sie den Befehl von einem gerade geöffneten Dokument an, erscheint das folgende Dialogfeld:

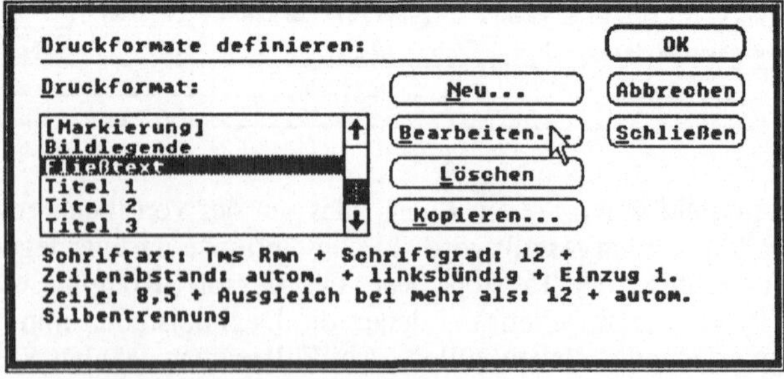

Die vier Schaltflächen »Schrift...«, »Absatz...«, »Tabs...« und »Farbe...« führen Sie in weitere Dialogfelder, in denen Sie die neuen Merkmale für Ihr Format festlegen können. Wollen Sie ein neues Format lediglich in die Liste aufnehmen und nicht sofort auf einen Textabschnitt anwenden, wählen Sie in diesem Dialogfeld statt »OK« die Option »Schließen«. Klicken Sie »OK«, ohne daß Text markiert ist bzw. ohne daß sich die Einfügemarke in einem Textblock befindet, wird das neu definierte Format zur *Standardvorgabe*. Klicken Sie »OK«, wenn Text markiert ist bzw. wenn sich die Einfügemarke in einem Textblock befindet, wird das neu definierte Format auf diesen Textabschnitt angewendet. Wollen Sie abbrechen und Ihre Druckformatvorlage unverändert lassen, können Sie jederzeit die Option »Abbrechen« wählen. Wollen Sie ein existierendes Druckformat verändern, wählen Sie den Schalter »Bearbeiten...« an.

»**Bearbeiten...**«: Ein neues Dialogfeld erscheint. Je nachdem, welches Merkmal Sie ändern wollen, wählen Sie entweder die Option »Schrift...«, »Absatz...«, »Tabs...«, oder »Farbe...« an.

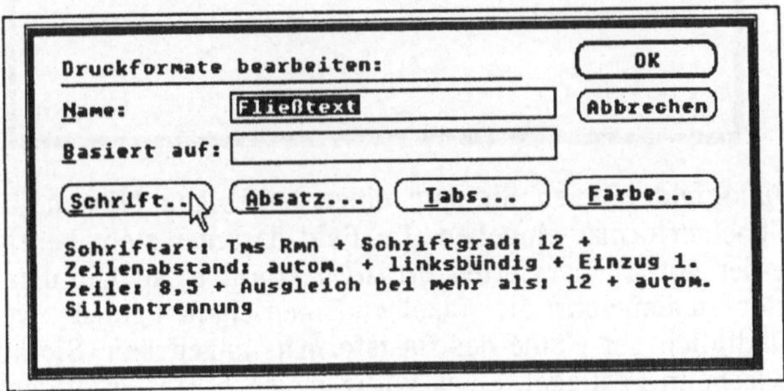

Sie können dieses Dialogfeld auch direkt vom Arbeitsfenster unter Umgehung des Menüs »Typographie« anwählen. Dazu muß das Druckformatfenster im Arbeitsfenster eingeblendet sein (Befehl »Druckformatliste« im *Menü »Optionen«*). Wählen Sie das zu bearbeitende Druckformat bei gedrückter Ctrl-Taste im Druckformatfenster an. Das Dialogfeld erscheint.

- Wählen Sie »Schrift...«, erscheint das Dialogfeld »Schriftfestlegung«.

- Wählen Sie »Absatz...«, erscheint das Dialogfeld »Absatzformat«.

- Wählen Sie »Tabs...«, erscheint das Dialogfeld »Einzüge/Tabs«.

Alle diese Dialogfelder können auch direkt über das Menü
»Typographie« angewählt werden, beziehen sich aber dann, wenn
sie direkt angewählt werden, lediglich auf gerade markierten Text.

• Wählen Sie »Farbe...«, erscheint das Dialogfeld »Farben definieren«. Dieses Dialogfeld kann auch direkt über das Menü
»Optionen« angewählt werden, bezieht sich dann aber ebenfalls nur auf gerade markierten Text.

»Neu...«: Wollen Sie ein neues Druckformat anlegen, das aber
z.B. in wesentlichen Eigenschaften einem anderen, bereits festgelegten Druckformat entspricht, markieren Sie zunächst auf der
Druckformatliste dieses Basisdruckformat. Dann wählen Sie den
Schalter »Neu...« an.

Im Dialogfeld können Sie nun einen beliebigen Namen für das
neue Tochterformat eingeben. Im Feld darunter steht bereits der
Name des vorher markierten *Basisdruckformats*, und in dem Feld
darunter, in dem sonst die einzelnen Eigenschaften gelistet werden,
wird lediglich der Name des Basisformats angegeben. Sie können
nun wie beim Festlegen eines völlig neuen Formates die entsprechenden Eigenschaften eingeben. Alle anderen Eigenschaften des
Tochterformats werden unverändert vom Basisformat übernommen. Jedes Tochterformat bleibt mit seinem Basisformat verbunden.

Sie können auch die Merkmale eines bereits existierenden Textabschnittes, der nicht mit einem Druckformat formatiert wurde, in
die Druckformatliste aufnehmen und mit einem Namen versehen.
Dazu markieren Sie den betreffenden Absatz mit dem Editor und
wählen im Dialogfeld »Druckformate definieren« das Format
[Markierung] an. Wählen Sie nun den Schalter »Neu« an und geben
dem Format einen Namen.

»Löschen«: Das Anwählen dieses Schalters löscht ein markiertes
Druckformat ohne weitere Warnung.

»Kopieren...«: Im auftauchenden Dialogfeld können Sie die
PageMaker-Datei auswählen, von der Sie die Druckformatvorlage

kopieren möchten. Existiert in Ihrem aktuellen Dokument ein Druckformat gleichen Namens, wird es ohne Warnung durch das neue Druckformat ersetzt.

»Abstände...«

Dieser Befehl betrifft Zeichen- und Wortabstände in einem Text. Außerdem können Sie die Standardvorgaben für den automatischen Zeilenabstand und die Silbentrennzone eingeben. Die Angabe ist in Prozenten einzugeben. Dies ist etwas verwirrend, weil nicht immer klar ist, wovon dieser Prozentwert gerechnet wird. Lediglich die Silbentrennzone wird in der von Ihnen in dem Dialogfeld »Vorgaben wählen...« (*Menü »Bearbeiten«*) festgelegten Einheit gemessen. Da Werte und Ergebnisse sehr stark von den verwendeten Schriftarten und Schriftgrößen abhängen, ist hier ein wenig Experimentieren unerläßlich, um ein wirklich optimiertes Ergebnis zu erzielen. Im Normalfall allerdings genügt das automatisch mit den Standardvorgaben von PageMaker erzielte Ergebnis den meisten Ansprüchen.

Wort- und Zeichenabstand bestimmen, wieviel Worte bei Blocksatz auf eine Zeile von gegebener Länge passen, und damit auch, wo von PageMaker getrennt wird, falls die automatische Trennfunktion eingeschaltet ist. Siehe auch *Zeilenumbruch*.

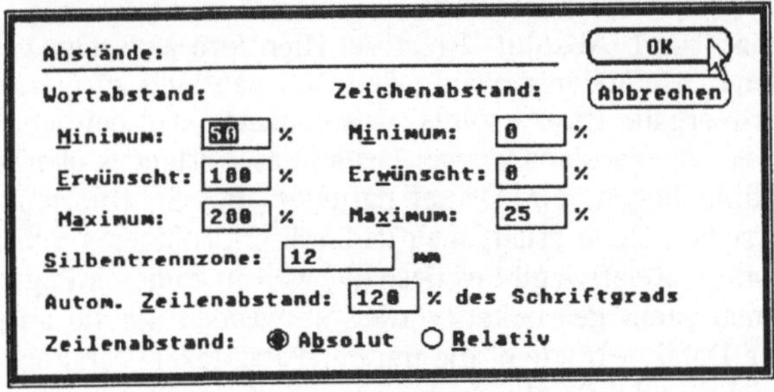

Im Dialogfeld können Sie unter folgenden Optionen wählen:

»Wortabstand:«: Hier können Sie angeben, in welchem Bereich PageMaker bei Blocksatz die Wortabstände ausgleichen soll, um eine einheitliche Zeilenlänge zu erreichen. Der absolute Wortabstand ist abhängig von der gewählten Schrift. Dieser Normalabstand wird mit 100% gleichgesetzt und ist als Standardvorgabe im Feld »Erwünscht:« eingetragen. Sie können diesen Wert aber auch ändern. Der Wert für »Minimum:« ist mit 50% vorgegeben und muß immer kleiner oder höchstens gleich sein wie der Wert für »Erwünscht:«. Der Maximalwert für »Minimum:« ist 500%, Sie müssen also gegebenenfalls auch den Wert für »Erwünscht:« erhöhen: Der Maximalwert für »Maximum:« ist ebenfalls 500%, er muß größer oder gleich dem Wert für »Erwünscht:« sein.

»Zeichenabstand«: Ähnliches gilt für den Zeichenabstand. Auch er ist von der Schriftart abhängig, wobei diesmal der Normalwert (»Erwünscht:«) mit 0% vorgegeben ist. Auch dieser Wert kann geändert werden, wobei darauf zu achten ist, das er immer kleiner oder gleich dem Wert für »Minimum:« ist. Der Maximalwert für »Minimum:« ist diesmal 200%. Der Maximalwert für »Maximum:« ist ebenfalls 200%, und er muß immer größer oder gleich dem Wert für »Erwünscht:« sein.

»Silbentrennzone«: Damit wird der rechte Rand bei Flattersatz beeinflußt: je größer die Silbentrennzone ist, desto unausgeglichener wird der rechte Rand. Wenn das letzte Wort nicht mehr ganz in die Zeile paßt, trennt PageMaker bei eingeschalteter Silbentrennfunktion dieses Wort so, daß der Bindestrich in der Silbentrennzone liegt. Ist dies nicht möglich, wird das Wort auf die nächste Zeile gestellt.

»Autom. Zeilenabstand: ...% des Schriftgrads«: Hier legen Sie fest, wieviel Prozent der Schriftgröße der Zeilenabstand (Durchschuß) zu sein hat, wenn bei der Wahl des Durchschusses im Dialogfeld »Schriftfestlegung:« im Menü »Typographie« die Option »Autom. Zeilenabstand« gewählt wird. Die Standardvorgabe, 120%, liefert gute Ergebnisse.

»Zeilenabstand: Absolut/ Relativ«: Hier wird zwischen zwei verschiedenen Methoden gewählt, den Zeilenabstand zu messen. Die Standardvorgabe ist »Absolut«, was bedeutet, daß bei der Berechnung des Zeilenabstandes zwei Drittel des Abstandes oberhalb der Schriftlinie liegen, ein Drittel darunter. Bei Schriftartenwechsel auf derselben Zeile erhält man dadurch ein ruhigeres Schriftbild. Die Option »Relativ« gibt es deshalb, weil in früheren PageMaker-Versionen damit gearbeitet wurde. Verwenden Sie sie nur, wenn Sie eine Datei bearbeiten, die mit der PageMaker-Version 1.0a für PC und 1.2 und 2.0a für Macintosh erstellt wurde.
Die folgende Gruppe von Befehlen richtet markierte Absätze bezüglich der Breite des betreffenden Textblockes aus. Die Breite der Seite spielt dabei keine Rolle.

»Linksbündig«   **Ctrl + L**

»Zentriert«   **Ctrl + Z**

»Rechtsbündig«   **Ctrl + R**

»Blocksatz«   **Ctrl + B**

Wie üblich, beziehen sich die Merkmale auf gerade markierten Text, und zwar immer auf einen ganzen Absatz. Ist nichts markiert, wird diese Einstellung zur Standardeingabe für alle mit dem Editor geschriebenen Texte. Durch erneutes Anwählen eines dieser Befehle wird er wieder abgewählt. Diese Merkmale können Sie in einer beliebigen Kombination in einem Druckformat zusammenfassen und mit einem frei wählbaren Namen versehen.

Messen

siehe Lineal

Montagefläche

Die Montagefläche ist ein Teil des *Arbeitsfensters*, auf dem die dargestellten Seiten eines PageMaker-Dokumentes liegen. Auf ihr können Elemente vorübergehend abgelegt werden. Sie hat eine Größe von ca. 63 cm x 59 cm. Wollen Sie die gesamte Montagefläche auf Ihren Bildschirm darstellen, müssen Sie die Shift-Taste gedrückt halten und im *Menü »Seite«* die Darstellungsgröße »Ganze Seite« wählen.

Mustervorlagen

Im PageMaker-Paket sind 17 Mustervorlagen enthalten. Mustervorlagen ermöglichen die Erstellung von verschiedenen Dokumenten mit gleichmäßigem Aussehen. In Mustervorlagen sind Layout und Druckformat festgelegt. Sie können aus jeder Satzdatei eine Mustervorlage machen, indem Sie beim Speichern die Option »Speichern als Mustervorlage« anwählen. PageMaker versieht den Dateinamen dann automatisch mit dem Mustervorlagen-Suffix .PT3.

Beim Arbeiten mit Mustervorlagen ersetzen Sie die einzelnen Platzhalter für Überschriften, Fließtext und Bilder durch Ihren eigenen Text und Ihre eigenen Bilder. Wenn Sie eine Mustervorlage (erkenntlich an dem Suffix .PT3) öffnen, öffnen Sie automatisch eine Kopie dieser Datei, die Sie erst benennen müssen. Sie können eine Mustervorlage beliebig oft öffnen und erhalten dabei immer dieselbe Ausgangssituation. Mit dem Befehl »Positionieren...« (*Menü »Datei«*) können Sie durch Anwählen der Option »Positionieren: Ganzen Textabschnitt ersetzen« den Blindtext durch den richtigen Text ersetzen lassen. Der Platzhaltertext muß nicht separat gelöscht werden. Sämtliche Formatmerkmale des Blindtextes werden automatisch auf den endgültigen Text übertragen. Allerdings hält sich der neu positionierte Text nicht an den dem Blindtext zugestandenen Raum. Wenn er länger als der zu ersetzende Text ist, läuft der neue Text einfach weiter, bis er an den Seitenrand stößt. Sie müssen also immer die neue Datei kontrollieren, bevor Sie diese ausdrucken.

Für Bildplatzhalter gilt ähnliches wie für die Textplatzhalter: Größe, Position und die Art des Begrenzungsrahmens können in der Mustervorlage festgelegt sein und werden auf die neuen Bilder übertragen.

Eine Mustervorlage muß nicht unbedingt Platzhalter für Texte oder Bilder enthalten. Sie kann auch lediglich das Gestaltungsraster enthalten, also die Standardelemente oder Hilfslinien. In diesem Fall müssen Sie Ihren Text bzw. Ihre Bilder ganz normal einzeln positionieren.

Die im PageMaker-Paket mitgelieferten Mustervorlagen müssen Ihren Anforderungen angepaßt werden und auf Ihren Reindrucker eingestellt werden. Dazu müssen Sie das Original selbst öffnen, indem Sie im Dialogfeld »Datei öffnen...« (Menü »Datei«) die Option »Öffnen als: Original« anwählen. Prüfen Sie nach der Drukkeranpassung, ob die Mustervorlage noch Ihren Anforderungen entspricht. Je nach dem, welcher Drucker als Reindrucker bestimmt wurde, kann sich die Textanordnung und die Schriftart geändert haben. Prüfen Sie, ob der Umfang der Mustervorlage ausreicht, ebenso, ob die Schriftart und der Schriftgrad Ihnen zusagen. Sind Bilder in der Mustervorlage vorhanden, prüfen Sie Anzahl, Format und Art der Konturenführung derselben. Anschließend speichern Sie das geänderte Original. Wählen Sie die Option »Speichern als Mustervorlage« an und klicken Sie »OK«.

Neues Dokument anlegen

Siehe *Menü »Datei«*, Befehl »Neue Datei...«

Neue Farbe definieren

Siehe *Menü »Optionen«*, Befehl »Farben definieren...«

Normalseiten

Normalseiten sind alle Seiten Ihres Dokumentes. die Sie anlegen und auf denen Sie Elemente placieren. Elemente, die auf jeder Normalseite immer an demselben Platz erscheinen sollen, etwa *Seitenzahlen*, eine Kopfzeile, oder ein Schmuckelement, werden Standardelemente genannt. Diese Elemente sollten Sie auf den *Standardseiten* placieren. Normalseiten enthalten außer den direkt auf ihnen placierten Elementen alle Elemente der entsprechenden Standardseite.

Eine Normalseite wird immer durch ein Sinnbild mit der entsprechenden Seitenzahl darauf etwas weiter rechts vom Standardseiten-sinnbild (am unteren linken Rand des Arbeitsfensters) dargestellt.

Notizblock

siehe *Menü »Steuerung«*

Nullpunkt

siehe *Lineal*

Numerierung von Seiten

siehe *Paginierung*

Optimale Druckgröße von Bitmustergrafiken

Beim Ausdruck von Bitmustergrafiken gibt es verschiedene Größenstufen, die am besten für die Wiedergabe mit einem gewählten Drucker geeignet sind. Wenn Sie diese Art von Grafiken vergrößern oder verkleinern, vergrößern oder verkleinern Sie dabei die Gesamtzahl der Bildpunkte. Um die Auflösung Ihres Druckers dabei optimal auszunutzen, sollten Sie die Grafik nicht willkürlich vergrößern. Wollen Sie die Größe ändern, schlägt Ihnen PageMaker einige Größenstufen vor, die optimal auf Ihren Drucker zugeschnitten sind. Drücken Sie dazu die Ctrl-Taste, und ziehen Sie mit der Maus an einem Anfasser. Dabei stellen sich automatisch nacheinander verschiedene Größenstufen ein. Wenn Sie beim Ziehen zusätzlich zur Ctrl-Taste auch die Shift-Taste drücken, bleiben die ursprünglichen Proportionen des Bildes erhalten.

PageMaker Starten

Um PageMaker von der DOS-Ebene zu starten, geben Sie beim
C:\>-Prompt folgendes Kommando ein:

> WIN PM <Return>

Dieser Befehl gilt nur, wenn Sie die vollständige Windows-Version installiert haben. Bei der Kurzfassung genügt der Befehl

> PM <Return>

Nach einiger Zeit erscheint das Grundbild von PageMaker mit der
Copyrightmeldung.

PageMaker Beenden

Siehe *Menü »Datei«*, Befehl »Ende«

PageMaker-Hand

Wenn Sie bei gedrückter Alt-Taste die Maustaste drücken, wird
der Mauspfeil zu einer kleinen Hand, mit der Sie eine Seite in jede
beliebige Richtung ziehen können. Dies ist bei einer vergrößerten
Darstellungsgröße notwendig, wenn nur ein Ausschnitt der Seite
dargestellt ist. Die Darstellungsgröße ändert sich beim Verschieben der Seite nicht.

Ist das *Schneidewerkzeug* aktiv, kann auch ein Bildausschnitt mit
der PageMaker-Hand verschoben werden. Allerdings muß dazu
nicht die Alt-, sondern die Ctrl-Taste gedrückt sein.

Paginierung   Ctrl + Shift + 3

PageMaker setzt Seitenzahlen auf den Normalseiten automatisch in
der richtigen Sequenz. Sie müssen dazu eine Paginierungsmarke
auf die *Standardseiten* setzen. Die Paginierungsmarke erscheint auf

einer Standardseite als eine Null, auf einer Normalseite dagegen
als die entsprechende Seitenzahl. Die Seitenzahl kann bis zu drei-
stellig sein. Der maximale Umfang einer PageMaker-Datei ist 128
Seiten. Die Paginierung beginnt bei der Seitenzahl, die Sie im
Dialogfeld »Seite einrichten...« (*Menü »Datei«*) bei der Option
»Erste Seite« eingeben. Dadurch können Sie auch mehrere längere
Dateien mit ununterbrochener Paginierung aneinanderreihen. Die
Standardvorgabe für den Beginn der Paginierung ist 1.

Die Paginierungsmarke fügen Sie ein, indem Sie im Editor die Tasten Ctrl + Shift + 3 drücken. Das Format, die Farbe und die
Ausrichtung der Paginierungsmarke kann wie bei einem normalen
Text frei gewählt werden. Standardvorgabe der Paginierungsmarke
ist Tms Rmn 12 Point Normal. Achten Sie darauf, daß die Paginierungsmarke innerhalb der *Druckfläche* liegt.

Für eine Seitenzahl, die zusammen mit einem immer gleichbleibenden Stichwort oder Text im Dokument erscheinen soll (z.B.
Kapitel V - 17), placieren Sie die Paginierungsmarke in den Textblock und schieben den ganzen Block an die gewünschte Stelle.

Handelt es sich um eine *doppelseitige Publikation*, müssen Sie auf
beiden Standardseiten eine Paginierungsmarke einfügen.

Papierfarbene Fläche

siehe *Fläche*

Papierformat

Das Papierformat, das von Ihrem Drucker verwendet wird, müssen
Sie im *druckerspezifischen Dialogfeld* einstellen. Ist das verwendete Papierformat größer als das Seitenformat Ihres Dokumentes,
kann PageMaker *Schneidemarken* und bei Volltonfarbauszügen
auch den Farbnamen und *Paßkreuze* ausdrucken. Wählen Sie dazu
die entsprechenden Optionen im Dialogfeld »Drucken...« (*Menü
»Datei«*).

Papierformatlage

Die Formatlage müssen Sie im *druckerspezifischen Dialogfeld* einstellen. Sie können zwischen »Hochformat« und »Querformat« wählen.

Paralleler Ausgang

siehe *Ausgang*

Paßkreuze

Bei Volltonfarbauszügen kann PageMaker auch den Farbnamen und Paßkreuze ausdrucken. Dazu muß das *Papierformat*, das von Ihrem Drucker verwendet wird, größer als das Seitenformat Ihres Dokumentes sein. Wählen Sie dazu die Optionen »Volltonfarbauszüge« im Dialogfeld »Drucken...« (*Menü »Datei«*) an. Wenn Sie außerdem noch die Option »Beschnittzeichen« wählen, druckt PageMaker auch *Schneidemarken*.

PATH-Befehl

siehe *AUTOEXEC.BAT*

PCL-Drucker

PCL-Drucker nennt man die Gruppe von Druckern, die mit der Druckerbefehlssprache PCL (Print Command Language) von Hewlett-Packard arbeiten. Es handelt sich dabei um die LaserJet-Drucker von HP und mit diesen kompatible Drucker. Folgende PCL-Drucker können mit PageMaker benützt werden:

Apricot Laser

Epson GQ-3500

HP LaserJet

HP LaserJet Plus

HP LaserJet 500 Plus

HP LaserJet Series II

HP LaserJet 2000

Kyocera F-1010 Laser

Okidata Laserline 6

QuadLaser I

Tandy LP-1000

Tegra Genesis

Die Größe des im Drucker eingebauten Arbeitsspeichers ist wichtig. Sie sollte mindestens 1 MByte betragen. Wenn Sie viel mit Grafiken arbeiten und ladbare Zeichensätze benutzen, erhöht sich der benötigte Speicher auf 2 MByte. PCL-Drucker werden über den parallelen Ausgang angeschlossen. Sie brauchen deshalb nichts an der Datenübertragung (in der Windows-*Systemsteuerung*) zu ändern. Im Gegensatz zu PostScript-Druckern, wo verschiedene Schriftgrade und sogar verschiedene Schriftschnitte einer Sprachfamilie aus derselben mathematischen Beschreibung abgeleitet werden, brauchen PCL-Drucker für jede Schrift einen Zeichensatz. Mit dem im PageMaker-Paket enthaltenen Programm *Fontware* können Sie ladbare Zeichensätze herstellen.

Pfeilfunktion   Shift + F1

Dies ist die Grundform des Mauszeigers. Immer wenn PageMaker eingeschaltet wird, ist diese Funktion automatisch angewählt. Mit dem Mauspfeil können Sie Elemente auf einer Seite markieren, diese an eine andere Position schieben, sie in ihrer Größe verändern und ihnen Eigenschaften wie eine Farbe oder ein Druckformat zuordnen. Es ist das wichtigste Instrument.

Mauszeigerform

Pica

siehe *Maßeinheit*

Pixel

Abgeleitet von *Pic*ture *El*ement. Es ist der kleinste Punkt auf einem Bildschirm, der dargestellt werden kann. Die Anzahl der Pixel pro Zoll ist ein Maß für die *Auflösung*.

Platzhaltertext

Der Blindtext in einer *Mustervorlage* ist ein Platzhalter für Ihren eigenen Text. Sie können ihn mit der Option »Ganzen Textabschnitt ersetzen« bzw. »Markierten Text ersetzen« im Dialogfeld »Positionieren...« (Menü »Datei«) automatisch ersetzen. Sie brauchen den Platzhaltertext nicht separat zu löschen. Die Einfügeposition muß sich dazu in dem betreffenden Platzhaltertext befinden bzw. ein Teil des Textes muß mit dem Editor markiert sein. Beim Ersetzen gibt es eine Obergrenze: Dateien mit maximal 64 KByte können ersetzt werden, das sind etwa 25 - 30 Seiten Text. Der Platzhaltertext der im PageMaker-Paket enthaltenen Mustervorlagen erscheint teils in englisch, teils in Pseudolatein.

Sämtliche Formatmerkmale des Blindtextes werden automatisch auf den endgültigen Text übertragen. Allerdings hält sich der neu positionierte Text nicht an den dem Blindtext zugestandenen Raum. Wenn er länger als der zu ersetzende Text ist, läuft der neue Text einfach weiter, bis er an den Seitenrand stößt.

PMDTBEN.TXT

siehe *Benutzerwörterbuch*

Point

siehe *Maßeinheit*

Positionieren von Dateien

siehe *Menü »Datei«*, Befehl »Positionieren«

Positionierhilfe

Die Positionierhilfe erlaubt eine exakte Ausrichtung eines beliebigen Elementes an einer vorher entsprechend positionierten *Hilfslinie*. Um die Hilfslinie genau zu placieren, können Sie eine andere *Darstellungsgröße* wählen. Die Positionierhilfe wird im *Menü »Optionen«* mit dem Befehl »Positionierhilfe« angeschaltet. Ist die Positionierhilfe aktiv (dies ist die Standardvorgabe), werden die Hilfslinien auf der Seite gewissermaßen magnetisch und ziehen Elemente an, die in der Nähe der Hilfslinie bewegt werden.

PostScript-Drucker

PostScript ist eine Seitenbeschreibungssprache, mit deren Hilfe der Drucker die Seite gestaltet. Allerdings können nicht alle Laserdrucker mit dieser Sprache arbeiten. PostScript wird von den Apple LaserWriter-Druckern benutzt und auch von hochauflösenden Laserbelichtern (Compugraphic, Linotronic).

Mit einem PostScript-Drucker können Sie die vielen Möglichkeiten, die Ihnen PageMaker bietet, voll ausnützen. Ein PostScript-Drucker kann Seiten in einem Maßstab zwischen 25 und 1000% der Originalgröße drucken, außerdem auch verkleinerte Übersichtsseiten. Darüber hinaus können PostScript-Drucker auch Schriften in einer beträchtlichen Vielfalt ausdrucken. Die meisten dieser Drucker können über 30 verschiedene Schriftarten in beliebiger Größe und auch negativ drucken. PageMaker setzt allerdings die Grenzen für den Schriftgrad zwischen 4 Point und 127 Point. Jedes Zeichen wird durch Linien und Bögen erzeugt und einzeln berechnet. Texte können auf PostScript-Druckern beliebig verzerrt und nicht nur waagerecht, sondern auch in jedem anderen beliebigen Winkel und sogar kreisförmig gedruckt werden. Ebenso können Grafiken, Raster und beliebige andere Muster in guter Auflösung gedruckt werden. Folgende PostScript-Drucker können mit PageMaker verwendet werden:

AST PS-R4081

Agfa P400PS

Apple LaserWriter

Apple LaserWriter Plus

Apple LaserWriter II NT

Apple LaserWriter II NTx

Dataproducts LZR 2665

Digital LN03R ScriptPrinter

Digital LPS PrintServer 40

IBM Personal Pageprinter

Linotronic 100/300/500

NEC LC-890

QMS-PS 800

QMS-PS 800A

QMS-PS 800 Plus

TI OmniLaser 2108

TI OmniLaser 2115

Varityper VT-600

Wang LCS15

Wang LCS15 FontPlus

Prinzipiell gibt es zwei Möglichkeiten, diese Drucker an Ihren PC anzuschließen, mit Hilfe einer AppleTalk-Erweiterungskarte oder über den seriellen Ausgang. Für den Anschluß über AppleTalk brauchen Sie eine spezielle Erweiterungskarte. Wird der Drucker seriell angeschlossen, muß außer der *druckerspezifischen Einstellung* der Datenübertragungsanschluß festgelegt werden.

Pseudolaufwerk

Wenn Sie mehr als 640 KByte Arbeitsspeicher in Ihrem Computer haben, können Sie einen Teil des Speichers wie ein Laufwerk behandeln. Der mit einem Programm wie RAMDRIVE.SYS zugewiesene Speicherraum sollte für PageMaker wenigstens 800 KByte betragen. Wenn Programmdateien in diesem Pseudolaufwerk gespeichert sind, führt die höhere Zugriffsgeschwindigkeit zu einer höheren Arbeitsgeschwindigkeit. Siehe auch *Leistungsoptimierung*.

Punkt

siehe *Maßeinheit*

Quadrate zeichnen

siehe *Rechteckfunktion*

Rahmen

siehe *Fläche*

RAM-Disk

siehe *Pseudolaufwerk, Leistungsoptimierung*

Raster

Mit dem Befehl »Flachenausführung« im *Menü »Datei«* können Sie
einer Fläche eine Rasterausführung zuordnen. Außerdem können
Sie Rasterwinkelung und Rasterweite von *Bitmusterdateien* weitergehend bearbeiten. Dazu benützen Sie das Dialogfeld »Bild nachbearbeiten...« im *Menü »Optionen«*. Siehe auch *Bild bearbeiten*.

Rechteckfunktion   Shift + F5

Mit dieser Funktion können Sie Rechtecke zeichnen. Halten Sie die
Shift-Taste dabei gedrückt, zeichnen Sie exakte Quadrate. Die Linienstärke wählen Sie über das Menü »Linien«.

Mauszeigerform +

Reindrucker

siehe *Drucker*

Residente Schriften

siehe *Fontware*

Satzspiegel

Der Satzspiegel ist die vom Text und von Abbildungen eingenommene Fläche einer Seite. Fußnoten eines Textes stehen ebenfalls im Satzspiegel, während die Seitenzahl auf dem Steg steht. Stege sind die freien, unbedruckten Flächen rings um den Text auf der Seite. Bei PageMaker wird der Satzspiegel im Dialogfeld »Seite einrichten...« (*Menü »Datei«*) über die Seitenabmessungen und die verschiedenen Stegbreiten definiert.

Achten Sie darauf, daß Ihr Satzspiegel nicht größer ist als die maximale *Druckfläche* Ihres Druckers. Ansonsten müssen Sie im Dialogfeld »Drucken...« (Menü »Datei«) die Option »Unterteilen« anwählen. PageMaker druckt dann jede Dokumentseite auf mehrere Blätter verteilt aus.

Schatten

Sie können eine plastische Wirkung erzielen, wenn Sie ein Element durch den Befehl »Kopieren« (*Menü »Bearbeiten«*) mit einer leicht versetzten Kopie hinterlegen. Die Kopie kann mit einer anderen Farbe versehen werden.

Schneidemarken

Schneidemarken können Sie drucken, wenn die *Seitenabmessung* Ihres Dokumentes kleiner ist als das vom Drucker verwendete *Papierformat*. Dazu müssen Sie im Dialogfeld »Drucken...« der *Menü »Datei«* die Option »Beschnittzeichen« anwählen. Die Schneidemarken werden dann auf jeder Seite ausgedruckt.

Schneidewerkzeug   Shift + F8

Mauszeigerform

Mit dieser Funktion können Sie Bilder beschneiden, die mit einem Scanner oder einem Zeichenprogramm hergestellt wurden. Das Schneiden mit dem Schneidewerkzeug ist nicht mit dem Ziehen und Verzerren mit dem Mauspfeil zu verwechseln. Sie verzerren beim Schneiden das Bild nicht, sondern wählen lediglich einen Ausschnitt. Sie können damit Bilder kleiner machen, aber der nicht gezeigte Bildinhalt ist nicht gelöscht, sondern wird nur nicht dargestellt. Dadurch kann der Bildausschnitt nach dem Festlegen der Bildgröße durch Verschieben des Bildes mit der *PageMaker-Hand* verschoben und geändert werden. Markieren Sie dazu das Bild mit dem Schneidewerkzeug, und verschieben Sie das Bild bei gedrückter Ctrl-Taste mit der Maus.

Schnittstelle

siehe *Ausgang*

Schraffierung

siehe *Flächenausführung*

Schrift

Miteinander harmonierende Zeichen und Buchstaben bilden eine Schriftart. Man kann ähnlich aussehende Schriftarten in Schriftfamilien zusammenfassen. Eine solche Familie ist z.B. Times Roman. Da dieser Name urheberrechtlich geschützt ist, wird die entsprechende Schrift in PageMaker *Tms Rmn* genannt (Fontware nennt sie *Dutch*). Eine andere Schriftfamilie ist Helvetica, in PageMaker aus demselben Grund *Helv* genannt (Fontware nennt sie *Swiss*).

Schriften einer Familie gibt es in verschiedenen Größen, die Schriftgrade genannt werden. Der Schriftgrad wird nicht in Millimetern gemessen, sondern in alter Setzertradition in Punkt. Leider unterscheidet der amerikanische Point sich etwas vom europäischen Punkt. PageMaker mißt den Schriftgrad immer in amerikanischen Points (siehe *Maßeinheiten*).

Schriften können außerdem verschieden ausgezeichnet werden. Eine *Auszeichnung* bei einer Schrift ist eine besondere Form der einzelnen Buchstaben, die von der Grundform abgeleitet ist. Bei PageMaker gibt es die Auszeichnungen normal, fett, kursiv, unterstrichen, durchgestrichen und negativ. Die Sonderformen Kapitälchen, hochgestellt und tiefgestellt gehören ebenfalls hierzu. Eine auf eine bestimmte Art ausgezeichnete Schrift nennt man einen Schriftschnitt. Manche Schriftschnitte (z.B. negative Schrift) können nicht mit jedem Drucker dargestellt werden.

Schriftart, Schriftgrad und Schriftschnitt bestimmen Sie im Dialogfeld »Schriftfestlegung...« des *Menüs »Typographie«*. Was Sie hier festlegen, bezieht sich auf den vorher markierten Textabschnitt (Zeichen, Wort, Absatz). Sie können mehrere Eigenschaften miteinander in einem Druckformat kombinieren.

Jeder einzelne Schriftschnitt ist ein zusammengehöriger Satz einzelner Lettern, die den gleichen Schriftgrad und die gleiche Auszeichnung besitzen. Zu einem solchen Schriftschnitt gehören nicht nur die Groß- und Kleinbuchstaben, sondern auch Satzzeichen, Ziffern und verschiedene Sonderzeichen (siehe *Zeichenmenge*). Eine Schriftfamilie wird gebildet aus allen Schriftschnitten in allen möglichen Schriftgraden.

Im allgemeinen wird ein Text nur mit Lettern einer Schriftfamilie gesetzt. Eine andere Schriftfamilie verwendet man für Überschriften oder für Bemerkungen im Text, die besonders hervorgehoben werden sollen. In diesem Buch ist der gesamte Text und auch die Überschriften in Times gesetzt, allerdings in verschiedenen Auszeichnungen (fett und kursiv) und in verschiedenen Schriftgraden.

Schrifterzeugung

siehe *Fontware*

Schriftfestlegung

Sie können einen markierten Textabschnitt (ein einzelner Buchstabe, ein Wort, ein Abschnitt) über den Befehl »Schriftfestlegung« im *Menü »Typographie«* formatieren. Sie können auch ein *Druckformat* dazu verwenden.

Schriftgrad ändern   F3, F4

Siehe *Menü »Typographie«*, »Schriftfestlegung...«. Durch Drücken der Taste F3 wird markierter Text um 1 Point verkleinert, durch Drücken von F4 um 1 Point vergrößert.

Schriftmerkmale

Alle heutzutage üblicherweise verwendeten *Schriften* sehen bis auf Kleinigkeiten recht gleich aus. Sie gehören zur großen Gruppe der Antiqua-Schriften, die, zumindest in den Großbuchstaben, auf die römischen Kapitalbuchstaben zurückgehen. Eine andere große Gruppe sind die gotischen Schriften wie etwa Frakturschriften.

Bei den Antiquaschriften sind zwei wichtige Untergruppen zu unterscheiden, Schriften mit Serifen und serifenlose Schriften. Serifen sind die kleinen Abschlußstriche an den Enden der Buchstaben (z.B. dieses Textes). Sie betonen die Schriftlinien und machen eine Schrift leicht lesbar. Times ist eine Serifenschrift. Serifenlose Schriften wirken eher etwas kühl und nüchtern. Diese werden auch Grotesk-Schriften genannt. Helvetica ist eine serifenlose Schrift.

Eine weitere wichtige Unterscheidung ist die Zeichenbreite und der Zeichenabstand, der vom Design der Schrift her vorgesehen ist. Es gibt proportionale und nicht-proportionale Schriften. Bei einer nicht-proportionalen Schrift bekommen alle Zeichen den gleichen Platz auf einer Zeile zugewiesen, der Buchstabe *i* ist also gleich breit wie der Buchstabe *m*. Sie kennen diese Schriften von jeder normalen Schreibmaschine. Courier ist eine nicht-proportionale Serifenschrift.

Die Verwendung solcher Schriften hat Vorteile, die aber nichts mit der Schrift zu tun haben, sondern meist mit Mechanik. Zum Beispiel wird bei einer Schreibmaschine der Wagen beim Schreiben immer um den gleichen Abstand weiter gerückt. Der Nachteil solcher Schriften ist, daß diese weder schön aussehen noch leicht lesbar sind.

Bei proportionalen Schriften existiert dieser Nachteil nicht. Die Buchstabenweite ist bei jedem Buchstaben unterschiedlich. Worte wirken dadurch geschlossener und sind leichter lesbar. Der Text bekommt ein professionelles Aussehen, er wirkt "gesetzt".

Der vom Design her vorgesehene Standardabstand zwischen einzelnen Buchstaben gehört ebenfalls zur Schrift. Dieser Raum links und rechts des Buchstabens plus die Buchstabenweite nennt man die *Dickte* des Buchstabens.

Die Strichführung, also die Strichdicke an verschiedenen Stellen des einzelnen Buchstabens, ist ein weiteres Kriterium einer Schrift und wird Duktus genannt.

Schriftschnitt

siehe *Schrift*

Schusterjunge

Ein Schusterjunge ist die erste Zeile eines Absatzes, die gleichzeitig die letzte Zeile einer Seite ist.

Seitenabmessung

Sie können mit dem Befehl »Seite einrichten...« im *Menü »Datei«* jederzeit die Seitenabmessungen Ihres Dokumentes festlegen und dann über die *Stege* den *Satzspiegel*.

Seitenausrichtung

siehe *Menü »Datei«*, Befehl »Seite einrichten...«, Option »Formatlage«

Seitenbeschreibungssprache

siehe *PostScript- Drucker*

Seitendarstellungsgröße

siehe *Darstellungsgröße*

Seiteneinrichtung

Sie können im *Menü »Datei«* über den Befehl »Seite einrichten...«
bestimmen, ob Ihr Dokument rechte und linke Seiten hat oder nur
rechte. Dafür sind die »Optionen: Zweiseitig - Doppelseite« ent-
scheidend. Als Standardvorgabe beim Einrichten einer neuen Datei
sind beide Optionen angekreuzt. Im Arbeitsfenster erscheinen dann
Sinnbilder für linke und rechte *Standardseite*, die Seiten werden
als linke und rechte Seiten angelegt (Bundsteg links bzw. rechts),
und gegenüberliegende Seiten werden gleichzeitig auf dem Bildschirm gezeigt. Wählen Sie »Doppelseite« ab, werden gegenüberliegende Seiten nicht mehr gleichzeitig gezeigt, sondern immer
einzeln. Trotzdem werden linke und rechte Seiten angelegt. Wählen Sie »Zweiseitig« und »Doppelseite« ab, wird das Dokument in
einseitigem Satz angelegt, d.h., alle Seiten werden als rechte Seiten
behandelt, der Bundsteg ist dabei immer links. Ist die Option
»Doppelseite« angewählt, ist »Zweiseitig« immer ebenfalls angewählt.

Seitenumbruch

Der Seitenumbruch ist in PageMaker nicht sehr weit entwickelt.
PageMaker übernimmt es nicht, Fußnoten für Sie zu placieren, und
Seitenende und Seitenanfang müssen Sie selbst kontrollieren, um
Hurenkinder und *Schusterjungen* zu vermeiden.

Um einen erzwungenen Seiten- bzw. Spaltenwechsel zu erreichen,
ohne den Text manuell neu positionieren zu müssen, markieren Sie
den Absatz, der am Anfang einer neuen Spalte oder Seite stehen

soll, und wählen Sie den Befehl »Absatz...« im *Menü
»Typographie«*. In dem Dialogfeld legen Sie jetzt den Wert für
»Abstand: Oben« so fest, daß er genau der Höhe des *Satzspiegels*
entspricht. Da ein Abschnitt mit dieser Festlegung nicht auf eine
Seite oder in eine Spalte paßt, die bereits Text enthält, wird der
Abschnitt an den Anfang einer neuen Seite bzw. Spalte gesetzt. Die
vorhergehende Seite bzw. Spalte wird nicht leer gelassen, da un-
nötige Leerräume automatisch unterdrückt werden. Diese Methode
läßt sich in ein *Druckformat* einbauen.

Seitenumfang

PageMaker kann Dateien mit maximal 128 Seiten bearbeiten. Hat
Ihre Publikation mehr Seiten, müssen Sie diese in zwei oder mehr
Dateien zerlegen. Um eine fortlaufende Seitennumerierung zu er-
reichen, müssen Sie im Dialogfeld »Seite einrichten...« (*Menü
»Datei«*) in dem Feld »Erste Seite:« die entsprechende Seitenzahl
angeben.

Seitenzahlen

siehe *Paginierung*

Serieller Ausgang

Über einen seriellen Ausgang können PostScript-Drucker angeschlossen werden. Diese Anschlüsse müssen besonders konfiguriert werden. Dazu wählen Sie im Menü »Einstellung« der *Systemsteuerung* den Befehl »Datenübertragungsanschluß...«. Ein
neues Dialogfeld taucht auf. Sie können darin u.a. die Übertragungsgeschwindigkeit festlegen. Wählen Sie die Daten, die in Ihrem Druckerhandbuch angegeben werden. Falls Sie keine Angaben
darüber finden, probieren Sie die folgenden Angaben:

Baudrate: *9600*, Wortlänge *8*, Parität *Keine*, Stoppbits *1*, Handshake *Hardware*, Anschluß *COM1*. Klicken Sie dann »OK«.

Serifen

siehe *Schrift*

Silbentrennung

PageMaker besitzt eine automatische Silbentrennung. Dazu dient ein eingebautes Silbentrennprogramm und zusätzlich ein *Benutzerwörterbuch*. Immer wenn ein Wort zu trennen ist, prüft PageMaker zunächst nach, ob dieses Wort im Benutzerwörterbuch vorhanden ist. Ist es vorhanden, wird es nach den dort angegebenen möglichen Trennstellen getrennt. Findet PageMaker das Wort nicht vor, wird es nach den eingebauten Trennregeln getrennt. Für Fremdwörter oder Eigennamen sind diese Regeln oft nicht ausreichend. Sie können Wörter, die PageMaker nicht nach Ihren Wünschen trennen kann, in das Benutzerwörterbuch aufnehmen. Dazu gibt es mehrere Möglichkeiten:

Silbentrennung mit Bestätigung: Diese Methode ist vor allem bei längeren Dokumenten recht umständlich. Sie können im Dialogfeld »Absatz...« im *Menü »Typographie«* die Option »Silbentrennung: Mit Bestätigung« anwählen. Als Standardvorgabe ist lediglich die Option »Silbentrennung: Autom.« angewählt. Lassen Sie gleichzeitig mit der Option »Silbentrennung: Mit Bestätigung« noch die Option »Silbentrennung: Autom.« angewählt, trennt PageMaker zunächst alle Wörter nach den Angaben im Benutzerwörterbuch, dann nach den eingebauten Trennregeln. Findet PageMaker dann immer noch keine Trennmöglichkeit, werden Sie in einem Dialogfeld aufgefordert, Trennstellen einzugeben.

Ist lediglich die Option »Silbentrennung: Mit Bestätigung« angewählt und die Option »Silbentrennung: Autom.« abgewählt, müssen Sie alle Trennstellen festlegen. Dabei erscheint dasselbe Dialogfeld wie oben. In dem Dialogfeld wird das zu trennende Wort mit den Trennstellen angezeigt. Vor dem letzten Buchstaben, der noch auf die Zeile passen würde, ist ein senkrechter Strich. Wenn die Trennmöglichkeiten korrekt sind, klicken Sie »Weiter«. Eine neue mögliche Trennstelle geben Sie ein, indem Sie an der entsprechenden Stelle mit der Maus klicken. Klicken Sie anschließend »Weiter«. Das Wort können Sie in diesem Dialogfeld nur dann ins Benutzerwörterbuch aufnehmen, wenn Sie mit der automatischen Silbentrennung arbeiten.

Direkte Erweiterung des Benutzerwörterbuchs: Einfacher und auch schneller ist es, wenn Sie das Benutzerwörterbuch direkt bearbeiten. Siehe *Benutzerwörterbuch*.

Trennstelle direkt im Text eingeben: Wollen Sie nur ein einzelnes Wort trennen, können Sie im Editor einen weichen Trennstrich eingeben, indem Sie an der richtigen Stelle des Wortes eine Einfügepostion erzeugen und bei gedrückter Ctrl-Taste einen Bindestrich eingeben. PageMaker trennt dann das Wort an dieser Stelle, falls dies möglich ist. Ändern Sie später die Zeilenbreite, wird das getrennte Wort automatisch wieder zusammengefügt und der Bindestrich nicht mehr gedruckt. (Siehe Befehl »Absatz...« im *Menü »Typographie«* und *Zeilenumbruch*.)

Silbentrennzone

siehe Befehl »Abstände...« im *Menü »Typographie«*, *Zeilenumbruch*

Skizzierter Text

siehe Befehl »Vorgaben wählen...«, *Menü »Bearbeiten«*

SMARTDRV.SYS

siehe *Leistungsoptimierung*

Sonderrechteckfunktion   Shift + F6

Diese Funktion ist nahezu identisch mit der Rechteckfunktion. Mit ihr können Sie Rechtecke bzw. Quadrate zeichnen, die abgerundete Ecken haben. Der Radius der Ecken kann über den Befehl »Eckenrundung...« im Menü »Optionen« bestimmt werden.

Mauszeigerform +

Sonderzeichen

Die folgenden Sonderzeichen geben Sie am besten nicht in Ihrem Textverarbeitungsprogramm, sondern nachträglich in der PageMaker-Datei ein. Erzeugen Sie dazu mit dem *Editor* eine Einfügeposition an der betreffenden Stelle, drücken Sie die Ctrl-Taste gleichzeitig mit der oder den anderen hier angegebenen Tasten:

Weicher Trennstrich	Ctrl + Bindestrich
Gedankenstrich (1 Geviert)	Ctrl + Shift + 0
Gedankenstrich (1 Halbgeviert)	Ctrl + 0
Öffnendes Anführungszeichen (hochgest.)	Ctrl + Shift + ü
Schließendes Anführungszeichen	Ctrl + Shift + ä
Öffnendes halbes Anführungszeichen	Ctrl + ü
Schließendes halbes Anführungszeichen	Ctrl + ä
Paginierungsmarke	Ctrl + Shift + 3
Fetter Punkt (auf halber Zeilenhöhe)	Ctrl + Shift + 8
Eingetragenes Warenzeichen	Ctrl + Shift + R
Copyright-Zeichen	Ctrl + Shift + C
Absatzmarke	Ctrl + Shift + 7
Geschütztes Leerzeichen (1 Geviert)	Ctrl + Shift + M
Geschütztes Leerzeichen (Halbgeviert)	Ctrl + Shift + N
Geschütztes Leerzeichen (Viertelgeviert)	Ctrl + Shift + T
Geschützter Wortzwischenraum	Ctrl + Leertaste

Darüber hinaus können Sie sämtliche Zeichen des *ANSI-Codes* verwenden.

Softfonts

siehe *Fontware*

Spaltenanordnung ändern

Mehrspaltigen Satz erreichen Sie mit dem Befehl
»Spaltenhilfslinien...« (*Menü »Optionen«*). Hier bestimmen Sie
Spaltenanzahl und -abstand. Darauf erscheinen Spaltenhilfslinien
auf der betreffenden Seite. Spaltenhilfslinien, die auf der *Standardseite* festgelegt wurden, können Sie auch auf einer *Normalseite* jederzeit mit der Maus verschieben. Spaltenhilfslinien sind die einzigen Standardelemente, die Sie auf einer Normalseite bewegen können. Dies hat den Vorteil, daß Sie auf einzelnen Seiten andere
Spalten setzen können. Spaltenhilfslinien werden immer paarweise
verschoben. Wenn Sie die Spaltenhilfslinien verschieben, wird bereits positionierter Text nicht beeinflußt. Wenn Sie eine andere
Spaltenanordnung bei bereits positioniertem Text wollen, müssen
Sie deshalb den Text neu positionieren.

Speicherkapazität feststellen

Mit dem im PageMaker-Paket enthaltenen Programm SPEI-
CHER.EXE können Sie die Art und den Umfang des Arbeitsspei-
chers Ihres Computers feststellen. Erweiterter Speicher kann zur
Leistungsoptimierung eingesetzt werden.

Zum Laden des Programms wechseln Sie in das PageMaker-Ver-
zeichnis und schreiben SPEICHER. Dann drücken Sie die Return-
Taste. Am Bildschirm wird darauf die Art und der Umfang Ihres
Arbeitsspeichers angezeigt.

Speichern

siehe *Menü »Datei«*, Befehle »Speichern...« und »Speichern unter...«

Speicherresidente Programme

Vermeiden Sie beim Betrieb von PageMaker die Benutzung aller speicherresidenten Programme, nicht nur, weil diese den vorhandenen freien Arbeitsspeicher verkleinern, sondern auch, weil sich nicht alle Programme mit Windows und PageMaker vertragen.

Sperren

Sie können ein Wort zur Hervorhebung sperren, indem Sie manuell zwischen die einzelnen Buchstaben Abstände einfügen. Dabei verwendet PageMaker als Einheit das vom Schriftgrad abhängige *Geviert*. Sie fügen 1/48 Geviert ein, indem Sie die Einfügeposition zwischen die betreffenden Buchstaben setzen und die Ctrl-Taste und die Shift-Taste gleichzeitig mit der Backspace-Taste drücken.

Wenn Sie eine Überschrift genau auf eine bestimmte Breite (z.B. mehrspaltig) setzen wollen, müssen Sie etwas anders vorgehen.

*   Schreiben Sie die Überschrift zunächst in einem unabhängigen Textblock, der die gewünschte Breite hat. Dehnen Sie den Textblock notfalls an den Anfassern.

*   Setzen Sie ein Leerzeichen zwischen jeden Buchstaben, zwei Leerzeichen zwischen zwei Wörter. Fügen Sie auch hinter der Überschrift ein Leerzeichen ein. Jetzt füllen Sie das Zeilenende mit geschützten Leerschritten auf (Ctrl-Taste und Leertaste), bis der Cursor in die nächste Zeile springt.

*   PageMaker behandelt jetzt jeden Buchstaben wie ein Wort. Wenn Sie nun die Überschrift mit dem Editor markieren und im *Menü »Typographie«* den Befehl »Blocksatz« anwählen, dehnt PageMaker die Überschrift auf die gewünschte Breite.

Spooler

Der Spooler ist ein Windows-Programm, das selbsttätig den Druckvorgang steuert. Der Ausdruck einer mehrseitigen PageMaker-Datei dauert relativ lange, besonders, wenn diese viele Grafiken enthält. Der Spooler ermöglicht Ihnen, während des Druckens einer PageMaker-Datei gleichzeitig an Ihrem Computer zu arbeiten.

Der Spooler speichert wie ein Puffer die zu druckende Datei zunächst auf der Festplatte. Dies geht wesentlich schneller als das Drucken selbst. Von der Festplatte wird das Dokument (oder die Dokumente) portionsweise an den Drucker weitergeleitet und dort ausgedruckt. Sie können während dieser Zeit weiter mit PageMaker arbeiten. Sie können auch mehrere Dokumente hintereinander an den Drucker schicken. Diese sind dann in einer Warteschlange und werden der Reihe nach bearbeitet.

Dies geschieht vollständig ohne Ihr Zutun. Wenn Sie den Spooler über den Befehl »Spooler« im *Menü »System«* aufrufen, sehen Sie zunächst ein Fenster, in dem Ihnen gezeigt wird, welcher Drucker auf welchem Ausgang liegt und welche Dokumente gerade gedruckt werden bzw. in der Warteschlange sind.

Spoolergeschwindigkeit

Im Menü »Priorität« des Spoolers können Sie seine Geschwindigkeit beeinflussen. Der Spooler stiehlt gewissermaßen Rechenkapazität von Ihrem Computer, um die Datei immer wieder an den Drucker weiterleiten zu können. Da Ihr Computer aber eine begrenzte Kapazität hat, fehlt die vom Spooler beanspruchte Zeit woanders. Wenn Sie über die Option »Priorität Hoch« dem Spooler mehr Kapazität zugestehen, druckt er zwar schneller, aber dafür wird das im Vordergrund laufende Programm, also z.B. PageMaker, zwangsläufig langsamer. Je nach Geschwindigkeit Ihres Computers und der Festplatte macht sich das bemerkbar. Um wieder auf die normale Geschwindigkeit zu kommen, wählen Sie die Option »Priorität Gering«. Mit dem Befehl »Ende« verlassen Sie den Spooler wieder.

Spooler ausschalten

Am schnellsten druckt der Computer, wenn er seine ungeteilte Aufmerksamkeit dem Drucken widmen kann. Wenn Sie nur ein kurzes Dokument drucken wollen, können Sie den Spooler auch ganz abschalten. Dazu müssen Sie die *Datei WIN.INI* modifizieren. Öffnen Sie die Datei WIN.INI mit dem *Notizblock*. Da dieses Programm normalerweise eine Datei mit dem Suffix .TXT erwartet, müssen Sie den Namen WIN.INI eingeben. Mit der Suchfunktion suchen Sie den Eintrag [windows]. Diese Überschrift steht norma-

lerweise gleich am Beginn der Datei. Unter der Überschrift
[windows] suchen Sie die Zeile:

    Spooler=yes

Ändern Sie das *yes* in *no*, so daß der Eintrag lautet:

    Spooler=no.

Dadurch wird der Spooler umgangen. Sie müssen den Spooler
auch dann abschalten, wenn Sie den Drucker über ein Computer-
netz mit eigenem Spooler benutzen.

Standarddrucker

siehe *Drucken*

Standardelemente

siehe *Standardseiten*

Standardseiten

Jedes Dokument in PageMaker besitzt automatisch neben den
Normalseiten noch eine oder (bei doppelseitigen Dokumenten)
zwei Standardseiten. Die Sinnbilder für die Standardseite(n) befinden sich am unteren Bildrand des Arbeitsfensters, etwas abgehoben
von den Sinnbildern der *Normalseiten*. Standardseiten können
durch Anklicken des Sinnbildes aufgeschlagen werden. Sie müssen
keine Elemente enthalten. Alle Elemente, die sich auf einer Standardseite befinden, werden automatisch auf allen Normalseiten eingeblendet und ausgedruckt. Bei doppelseitigen Dokumenten enthält
die linke Standardseite die Elemente für alle linken Normalseiten,
die rechte Standardseite die Elemente für alle rechten Normalseiten. Diese Standardelemente können nur auf der Standardseite bearbeitet werden. Standardelemente sind üblicherweise Kopf- und
Fußzeilen, Seitenzahlen und Hilfslinien, können aber beliebige
Text- oder Grafikelemente sein. Standardelemente können auf ein-

zelnen Seiten vollständig ausgeblendet werden (Befehl
»Standardelemente anzeigen« im *Menü »Seite«*).

Standardvorgaben

Standardvorgaben sind Werte, die automatisch bei jeder neu geöffneten PageMaker-Datei erscheinen. Manche davon können von Ihnen nach Ihren Bedürfnissen geändert werden, andere sind unver-
änderlich. Ist keine Datei geöffnet, können Sie durch Ändern der
Angaben eines Dialogfeldes die darin geänderten Werte zu Standardvorgaben machen. Ist bereits eine Datei geöffnet, wirken alle
Vorgabenänderungen nur auf die geöffnete Datei.

Stege

Stege sind die freien, unbedruckten Flächen rings um den *Satzspiegel* auf einer Seite. Man unterscheidet nach der Lage Kopf-,
Fuß-, Bund- und Außensteg. Die Stege werden über die Option
»Stegbreite« des Befehls »Seite einrichten...« im *Menü »Datei«*
festgelegt.

Systemsteuerung

siehe *Menü »Steuerung«*

Systemzeichensätze

siehe *Bildschirmanzeige*

Tabellensatz

Sie können eine Tabelle ohne weiteres aus einen Textverarbeitungsprogramm übernehmen, wenn die Tabelle richtig erfaßt wurde. Falls Sie Probleme beim Übertragen der Formatierung haben, können Sie die Tabelle auch in PageMaker selbst erstellen.

Das wichtigste bei der Erfassung des Textes ist, daß Sie die Einzüge nie mit der Leertaste herstellen, sondern immer mit der Tab-Taste. Sie können, nachdem der Text in einer PageMaker-Datei positioniert ist, sehr leicht die verschiedenen Tabstops umändern, falls dies nötig sein sollte.

Wenn Sie den Text in Microsoft Word erfassen, können Sie dort bereits in einem Druckformat die Gestaltung der Tabelle vornehmen. PageMaker gibt Ihnen allerdings eine größere Auswahl an verwendbaren Füllzeichen. Sie können die Füllzeichen ganz einfach in PageMaker ändern, ebenso wie die Position und Ausrichtung. Wenn Sie nicht mit Word arbeiten, müssen Sie die Tabstops vermutlich ohne ein Druckformat direkt definieren.

Ändern der Einzüge in PageMaker: Markieren Sie den positionierten Text mit dem Editor, und wählen Sie den Befehl »Einzüge/Tabs...« im Menü »Typographie«. Im Dialogfeld sehen Sie ein Lineal, das mit der von Ihnen gewählten Maßeinheit dargestellt wird. In den Optionen darüber legen Sie die Ausrichtung der Tabstops fest. Sie können einen Tabstop auch löschen und neu definieren. Bis zu 20 Tabstops können definiert werden. Wichtig dabei ist, daß Sie zuerst die Ausrichtung und das Füllzeichen festlegen, bevor Sie die Position festlegen. Sie können die Tabstops direkt mit der Maus verschieben (nicht aber Ausrichtung und Füllzeichen verändern). Wenn Sie »OK« klicken, wird die Änderung sofort ausgeführt. PageMaker erlaubt im Gegensatz zu den meisten Textverarbeitungsprogrammen die Verwendung eines beliebigen Füllzeichens.

Kolonnensatz statt Reihensatz: Manchmal empfiehlt es sich, die Tabelle aus lauter einzelnen unabhängigen *Textblöcken* aufzubauen, die einzeln auf der Seite des PageMaker-Dokumentes positioniert werden. Wenn es sich um viele, doch relativ kurze Dateien handelt, dauert das einzelne Positionieren recht lange. Oft ist es besser, die verschiedenen Tabellenspalten zusammenhängend in einer einzelnen Datei zu erfassen. Sie müssen dann nur eine Datei positionieren, diese aber in PageMaker in verschiedene eigenständige Textblöcke zerlegen. Zur genauen Ausrichtung dieser Textblöcke können Sie sowohl die *Positionierhilfe* als auch die *Lineal-*

positionierhilfe ausnützen. Wählen Sie als Einheit des senkrechten Lineals (*Menü »Bearbeiten«*, Befehl »Vorgaben wählen...«) für das Ausrichten einer Tabelle den Zeilenabstand des zu positionierenden Textes in Point (Option »Vorgabe«). Zur besseren Übersichtlichkeit kann die Tabelle nicht nur mit Füllzeichen, sondern auch mit Spaltenlinien versehen werden.

Tastaturbefehle

In den Menüs sehen Sie hinter den meisten Befehlen eine Zeichenkombination. Mit dieser können Sie den entsprechenden Befehl unter Umgehung des Menüs direkt über die Tastatur eingeben. Mit der Kombination der Alt-Taste und dem Anfangsbuchstaben des Menüs können Sie das entsprechende Menü ohne Maus aufrufen.

TEMP-Befehl

siehe *AUTOEXEC.BAT*

Textanschluß

siehe Befehl »Autom. Textanschluß« im *Menü »Optionen«*

Textbehandlung

siehe *Konturenführung*

Textblock

Ein Textblock ist ein Text, der als räumlich zusammenhängende Einheit in einem PageMaker-Dokument existiert. Wenn Sie einen Textblock mit dem Mauspfeil markieren, erhält er immer zwei Begrenzungslinien mit Griffen und Endpunkten, den Anfassern, oberhalb und unterhalb des Textblockes.

Ein Textblock ist nicht unbedingt gleich der Textmenge, die Sie mit einer Textdatei importieren. Wird importierter Text auf mehrere Seiten verteilt, befindet sich auf jeder Seite ein Textblock. PageMaker läßt Text, der in verschiedenen Textblöcken placiert wurde, zusammenhängend. Das heißt, der Text, der auf zwei Seiten verteilt ist, ist immer noch eine große Texteinheit. Wenn Sie den Textblock auf der ersten Seite durch Ziehen an den Anfassern verkürzen, wird dadurch der Textblock auf der zweiten Seite entsprechend länger. Eine Seite kann aber auch aus mehreren Textblöcken zusammengesetzt sein, die nicht unbedingt zusammenhängen müssen.

An den Anfassern auf den Begrenzungslinien kann man erkennen, ob der Textblock mit anderen zusammenhängt. Ist der obere Griff leer, handelt es sich um den Anfang des Textblockes. Enthält er ein Pluszeichen (+), hängt er mit einem Textblock weiter oben zusammen. Enthält der untere Griff ein Nummernzeichen (#), handelt es sich um das Ende des Textes, enthält er ein Pluszeichen (+), hängt er mit einem Textblock weiter unten zusammen.

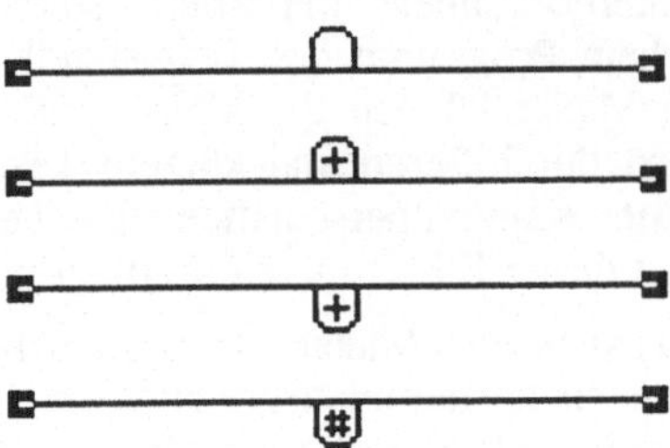

Wenn Sie zwei zusammenhängende Textblöcke voneinander trennen wollen (z.B. Spalten einer Tabelle), müssen Sie durch Ausschneiden und Einfügen einzelner Absätze das Dokument in unabhängige Textblöcke zerlegen. Gehen Sie dabei so vor:

- Markieren Sie mit dem Editor den entsprechenden Absatz. Wählen Sie im Menü »Bearbeiten« den Befehl »Ausschneiden«. Dadurch wird der markierte Abschnitt in die Zwischenablage gelöscht.

- Setzen Sie jetzt die Einfügeposition auf eine Stelle außerhalb des Textes, am einfachsten auf die Montagefläche neben der dargestellten Seite.

- Wählen Sie nun den Befehl »Einfügen« im Menü »Bearbeiten« an. Der Text wird an der Einfügeposition wieder aus der Zwischenablage eingefügt.

Sie können diesen Textblock nun mit dem Mauspfeil an die gewünschte Stelle schieben oder bearbeiten, ohne daß dies Folgen für einen anderen Textblock hat.

Textverarbeitungsprogramm

Die Erfassung eines längeren Textes müssen Sie mit einem Textverarbeitungsprogramm durchführen. PageMaker kann mit einer großen Anzahl von verschiedenen Textverarbeitungsprogrammen arbeiten. PageMaker versucht, beim Placieren des Textes in ein PageMaker-Dokument möglichst viele Merkmale der ursprünglichen Textdatei zu übernehmen. Bei weitem am besten arbeitet PageMaker mit Microsoft Word. Nahezu jede Formatierung von Word wird in eine PageMaker-Datei übertragen. Beim Importieren werden die verschiedenen Dateien mit Filterprogrammen automatisch in ein PageMaker-Format konvertiert. Eine Liste der importierbaren Formate finden Sie unter *Filter*. Ist Text erst einmal in ein PageMaker-Dokument importiert, spielt es keine Rolle mehr, mit welchem Programm der Text erstellt wurde. Mit dem Editor von PageMaker können Sie kleine Änderungen und Korrekturen am Text durchführen und kürzere Textstücke wie Bildunterschriften oder Kapitelüberschriften schreiben. Zum Erfassen längerer Texte ist dieser Editor nicht unbedingt geeignet.

Wenn Sie den Text in PageMaker korrigieren, beachten Sie bitte, daß Änderungen nicht automatisch auch in der Originaldatei durchgeführt werden. Wollen Sie die Originaldatei aktualisieren, müssen Sie den Text aus der PageMaker-Datei exportieren. Dazu markieren Sie den entsprechenden Text im Editor und wählen im *Menü »Datei«* den Befehl »Übertragen...« an. Es muß der entsprechende *Exportfilter* installiert sein.

Die meisten Textverarbeitungsprogramme geben für die Schriftgröße eine Teilung an, also wieviele Zeichen pro Zoll gesetzt werden. PageMaker mißt den Schriftgrad in Point und rechnet diese Angaben um. Dabei gilt die Formel

120 : Zeichen pro Zoll = Schriftgrad

Die gleiche Formel gilt für Tabstops.

Der Zeilenabstand wird von Textverarbeitungsprogrammen meist in Zeilen gemessen. PageMaker übersetzt auch diese Werte in Points. Der Abstand »Einzeilig« oder »Auto« erhält in PageMaker meist den automatischen Zeilenabstand. Wird der Zeilenabstand in Zeilen pro Zoll gemessen, wird er von PageMaker in Points übertragen nach der folgenden Formel:

72 : Zeilenabstand (in Zeilen/Zoll) = Zeilenabstand in Points

Um die Übertragung möglichst vieler Formatmerkmale in eine PageMaker-Datei sicherzustellen und um keine unerwünschten Ergebnisse zu erhalten, sollten Sie folgende allgemeine Tips beachten.

- Wenn irgend möglich, sollte die Textdatei für denselben Drucker erstellt werden, der später in PageMaker verwendet wird. Vom gewählten Drucker hängen viele Schrifteigenschaften ab.

- Versuchen Sie unbedingt, den Text schon im Textverarbeitungsprogramm in eine endgültige Form zu bringen. Nützen Sie dazu die Korrekturfunktion des Textverarbeitungsprogramms, da PageMaker diese Funktion nicht bietet.

- Handelt es sich bei Ihrem Text um eine Tabelle, erfassen Sie diese immer mit Tabstops. Verwenden Sie keine Leerschritte und keine senkrechten Trennstriche.

- Wenn Ihr Dokument einen Index oder ein Inhaltsverzeichnis benötigt, fertigen Sie diesen in Ihrem Textverarbeitungsprogramm an, sofern dies möglich ist. Dabei müssen Sie allerdings nachträglich manuell den Seitenumbruch in der Text-Datei an den Seitenumbruch der PageMaker-Datei angleichen. Dies lohnt sich nicht immer.

- Wenn Sie einen bereits erfaßten Text erst noch typografisch gestalten müssen, lohnt es sich, dies erst in PageMaker zu tun. Prüfen Sie, welche Merkmale aus Ihrem Textverarbeitungsprogramm übertragen werden.

- Wenn Sie die Übernahme von Textmerkmalen vermeiden wollen, müssen Sie die Option »Formatiert« im Dialogfeld »Positionieren...« (Menü »Datei«) desaktivieren. Als Standardvorgabe ist diese Option jedoch angewählt.

Um beim Importieren von Text keine unerwünschten Ergebnisse in Ihrer PageMaker-Datei zu erhalten, sollten Sie folgendes beim Erfassen des Textes vermeiden.

- Da PageMaker einen eigenen Zeilen- und Seitenumbruch vornimmt, führen Sie in Ihrer Textdatei keine erzwungenen Zeilen- bzw. Seitenwechsel durch. Drücken Sie die Return-Taste nur dann, wenn Sie einen Absatz beenden. Auch der Satzspiegel wird in PageMaker festgelegt.

- Korrigieren Sie den Text im Textverarbeitungsprogramm, aber fügen Sie keine harten Trennstriche ein. PageMaker trennt selbst und hat ein gutes Trennprogramm.

- Zeichnen Sie keine Kästen oder ähnliches in Ihrem Textverarbeitungsprogramm.

- Geben Sie *Sonderzeichen* wie besondere Anführungszeichen etc. erst in PageMaker ein.

- *Seitenzahlen*, *Kopf-* und *Fußzeilen* sowie *Fußnoten* aus einer Text-Datei können nicht in eine PageMaker-Datei übertragen werden.

Im Anhang finden Sie näheres zur Integration von Textverarbeitungsprogrammen in PageMaker.

TIF-Dateien

Das Tag Image File Format wurde von Aldus, Microsoft und einigen Scanner-Herstellerfirmen entwickelt. Dateien in diesem Format lassen sich problemlos in PageMaker positionieren. TIF-Dateien sind eine besondere Art von Bitmusterdateien. Sie enthalten Informationen für das am Bildschirm dargestellte Bild und unabhängig davon noch Informationen für das zu druckende Bild. Diese Doppelbild-Datei berücksichtigt also die verschiedene Auflösung von Bildschirm und Drucker. Dadurch wird eine gute Bildschirmwiedergabe erzielt und gleichzeitig eine hohe Druckauflösung. Im TIF-Format können Bilder in einer Auflösung gespeichert werden, die höher ist als die eines üblichen Laserdruckers. Leider haben TIF-Dateien den Nachteil, daß sie sehr umfangreich sind und die Speicherkapazität Ihres Computers sehr beanspruchen. Der andere Nachteil ist die lange Belichtungszeit, die auf einem Laserbelichter in die Stunden gehen kann.

Times Roman

siehe *Schrift*

Tochterformat

siehe *Basisdruckformat*

Typographie

siehe *Schrift*

Überlagerung

siehe *Menü »Datei«*, Befehl »Drucken...«, Option »Unterteilen«

Übersichtsseiten

Ein PostScript-Drucker ermöglicht Ihnen, verkleinerte Übersichtsseiten Ihres Dokumentes zu drucken. Dabei werden mehrere Seiten nebeneinander verkleinert auf einem Blatt ausgedruckt. Dazu wählen Sie im Dialogfeld »Drucken...« (*Menü »Datei«*) die Option »Übersicht« an. Je nach Papiergröße des Druckers und je nach der Größe Ihrer Seiten passen bis zu 16 Miniaturseiten auf ein Blatt. Die Druckgröße der Übersichtsseiten kann nicht geändert werden.

Unsichtbare Fläche

siehe *Fläche*

Unsichtbare Linien

Siehe *Linien*

Unterschneiden

Unterschneiden ist das Zusammenrücken zweier Buchstaben, um das Erscheinungsbild des Textes zu verbessern.

Manuell: Sie können zwischen einem Buchstabenpaar Abstand herausnehmen, indem Sie die Einfügeposition zwischen die entsprechenden Buchstaben setzen und dann bei gedrückter Ctrl-Taste die Backspace-Taste drücken. Dabei wird bei jedem Tastendruck ein 1/48 *Geviert* großer Abstand weggenommen. Solche enger zusammengerückten Buchstabenpaare nennt man Ligaturen. Das manuelle Erzeugen von Ligaturen ist aufwendig und lohnt sich nur bei größeren Schriftgraden, wenn der Standardabstand zweier Buchstaben sehr unschön wirkt.

Automatisches Unterschneiden: Sie können die Standardabstände in einem ganzen Textabschnitt verbessern, indem Sie im *Menü »Typographie«* den Befehl »Absatz« und in diesem Dialogfeld die Option »Ausgleich: Autom. bei mehr als...Point« anwählen. Dadurch ist die automatische Unterschneidung aktiv. Der Befehl wirkt auf markierte Absätze. Welche Buchstabenpaare dabei ausgeglichen werden, hängt von der verwendeten Schrift ab und kann von Ihnen nicht geändert werden. Da das Anwählen dieser Option die Arbeit mit PageMaker stark verlangsamt, empfiehlt es sich, nur ab einer bestimmten Schriftgröße zu unterschneiden. Standardvorgabe ist 12 Point, bei kleineren Schriftgrößen ist die Wirkung der Unterschneidung kaum erkennbar.

Unterteilen

siehe *Menü »Datei«*, Befehl »Drucken...«, Option »Unterteilen«

Vektorzeichen

siehe Bildschirmanzeige

Verschieben einer Seite

siehe *PageMaker-Hand*

Warteschlange

siehe *Spooler*

WIN.INI

siehe *Datei WIN.INI*

Windows

Bevor Sie PageMaker installieren, müssen Sie zuerst Windows 2.0 oder eine neuere Version installieren. Windows stellt die grafische Benutzeroberfläche bereit, die PageMaker benötigt. Die Kurzfassung und vollständige Version von Windows unterscheiden sich kaum in der Installation. Zusammen mit PageMaker haben Sie die Kurzfassung von Windows (Runtime Windows) erhalten. Haben Sie schon eine alte Version von Windows auf Ihrer Festplatte, löschen Sie diese am besten vor der Neuinstallierung. Sonst müssen Sie den bei der Installation vorgeschlagenen Verzeichnisnamen ändern.

Wortabstand

siehe *Zeilenumbruch, Schrift*

WYSIWYG

WYSIWYG ist ein Akronym und steht für den Slogan *What you see is what you get*, was soviel heißt wie: Sie bekommen genau das, was Sie auf dem Bildschirm sehen. Dies ist der Grundsatz von PageMaker.

Das Arbeitsbild von PageMaker ist einem Montagetisch nachgebildet. Sie sehen auf dem Bildschirm ein Blatt Papier, auf dem Sie Text und Bilder placieren und einfache Grafiken wie Balken, Kästen und Raster direkt herstellen können. Die Maus ist dabei Ihre elektronische Hand: Sie können Texte wie Bilder ganz einfach mit der Maus anfassen, hin und her schieben und sogar in der Größe verändern. Was Sie auf dem Bildschirm sehen, entspricht genau dem, was nachher vom Drucker aufs Papier gebracht wird. Bei PageMaker müssen Sie keine komplizierten und schwer erlernbare Codes und Befehle benützen. Sie arbeiten einfach und anschaulich, indem Sie die verschiedenen Text- und Bild-Elemente direkt am Bildschirm manipulieren, so wie Sie es vielleicht schon am Montagetisch mit Schere und Klebstoff getan haben. Sie haben dabei jederzeit das Ergebnis Ihrer Bemühungen vor Augen.

Das WYSIWYG-Ziel ist noch nicht vollständig erreicht. Das unterschiedliche Auflösungsvermögen von Bildschirmen und Druckern ist dafür ein Grund. Selbst die Auflösung eines Laserdruckers mit nur 300 dpi ist mindestens dreimal so hoch wie die eines Bildschirms. Die Position einzelner Buchstaben innerhalb eines Wortes auf dem Bildschirm ist deshalb nicht ganz verlässlich. PageMaker kann auch aus Speicherkapazitätsgründen nicht alle Schriftarten, die Sie drucken können, entsprechend auf dem Bildschirm darstellen. PageMaker zeigt aber genau, wo ein Wort anfängt und wie der *Zeilenumbruch* aussieht.

Zeichenabstand

siehe *Zeilenumbruch, Schrift*

Zeichenfunktionen

In PageMaker stehen Ihnen folgende Zeichenfunktionen zur Verfügung: *Freiwinkellinienfunktion,* *Festwinkellinienfunktion,* *Rechteckfunktion, Sonderrechteckfunktion, Kreisformenfunktion.* Die Art der Linienausführung wählen Sie über das *Menü »Linien«.*

Zeichenmenge

Je nachdem, welche Zeichenmenge einer Schrift zugrunde liegt, können verschiedene Zeichen dargestellt werden. Zwei häufig verwendete Zeichenmengen sind der *ASCII-* und der *ANSI-Zeichensatz.* Beide Zeichenmengen enthalten neben sämtlichen Buchstaben des Alphabets (in Groß- und Kleinbuchstaben) noch eine Anzahl anderer Zeichen, wie etwa Satzzeichen (also Komma, Ausrufezeichen usw.) und *Sonderzeichen* wie Symbole für Dollar oder Pfund. Der ASCII-Zeichensatz ist nicht so umfangreich wie der ANSI-Zeichensatz, der auch nützliche Zeichen wie das Copyright-Symbol und das Symbol für eingetragenes Warenzeichen enthält. Siehe *Fontware.*

Zeichensätze installieren

siehe *Fontware*

Zeichensatznamen

Wenn Sie Druckerzeichensätze verschiedener Hersteller auseinanderhalten wollen, können Sie die Namen der Dateien ändern. Damit Sie nicht versehentlich Namen ändern, müssen Sie die Möglichkeit dazu erst gesondert einschalten. Wählen Sie dazu im *drukkerspezifischen Dialogfeld* den Befehl »Zeichensätze...«. Nun wählen Sie im Menü »System« dieses Dialogfeldes den Befehl »Bearbeiten aktivieren«. Damit wird ein neues Feld im Dialogfeld »Zeichensätze installieren« geschaffen, das Feld »Bearbeiten«. Wählen Sie zuerst die zu bearbeitende Schrift aus dem linken Feld an und klicken Sie dann »Bearbeiten«. Ein neues Dialogfeld erscheint. Hier werden Informationen zu dem angewählten Zeichensatz gezeigt. Sie können nun den Namen ändern. Es existieren noch einige andere Optionen.

»**Kennung**«: In diesem Feld können Sie Angaben in der Datei WIN.INI ändern, die mit der Reihenfolge der Dateien zu tun haben.

»**Status**«: Hier bestimmen Sie, ob der Zeichensatz permanent oder bedarfsbedingt geladen wird.

»**Schriftgattung**«: Hier wird die Zeichensatzmaßdatei beeinflußt. Folgende Schriftgattungen werden unterschieden:

Roman	Normalschrift mit Serifen, proportional
Modern	Normalschrift, nicht proportional
Decorative	Zierschriften wie Fraktur
Swiss	Normalschrift ohne Serifen, proportional
Script	Alle Kursivschriften

Das Feld »Bearbeitung« können Sie nur wählen, wenn Sie mehrere Schriften markiert haben. Dann wird der Name und die gewählte Schriftgattung auf alle markierten Schriften angewendet. Sie können mehrere Schriften markieren, wenn Sie die Shift-Taste beim Anwählen drücken. Weiteres zu Zeichensätzen finden Sie unter *Fontware*.

Zeigefunktion

siehe *Pfeilfunktion*

Zeilenabstand

siehe *Durchschuß*

Zeileneinzug

siehe *Einzug*

Zeilenumbruch

Den Zeilenumbruch können Sie beeinflussen durch Änderung des Wort- und Zeichenabstandes sowie der *Silbentrennzone* am Zeilenende. Diese ändern Sie im Dialogfeld »Abstände...« im *Menü »Typographie«*. Normalerweise erreichen Sie mit den Standardvorgaben von PageMaker gute Ergebnisse. Sie brauchen diese Abstände nur zu ändern, wenn Ihnen der damit erzielte Abstand und Zeilenfall nicht gefällt. Die Abstandswerte sind keine absoluten Werte, sondern jeweils abhängig von der gewählten Schrift und dem Schriftgrad. Für den Wortabstand wird als Normalwert ein Abstand angenommen, der etwa der Breite des Buchstabens »n« entspricht. Im Dialogfeld entspricht dieser Wert 100%.

Die eingestellten Abstandswerte beziehen sich nicht nur auf einen einzelnen Absatz, sondern auf den ganzen *Textblock*. Wollen Sie lediglich die Werte für einen einzelnen Absatz ändern, müssen Sie diesen durch Löschen und Wiedereinfügen außerhalb des existierenden Textblockes von diesem Textblock trennen.

Für eine Änderung der Abstandswerte muß sich die Einfügeposition in dem betreffenden Textblock bzw. in dem ausgekoppelten Absatz befinden. Bei der Änderung spielt es eine Rolle, ob Sie Absätze im Blocksatz oder im Flattersatz formatiert haben.

Blocksatz: Meist erzielen Sie mit der Standardvorgabe bei eingeschalteter automatischer Silbentrennung (*Menü »Typographie«*, Befehl »Absatz...«) ein gutes Ergebnis. Um ein geschlossenes Schriftbild zu erreichen, trennt PageMaker zuerst an den möglichen Stellen. Dann verändert PageMaker den Wortabstand innerhalb des angegebenen Wertebereichs. Je größer der zugelassene Wertebereich ist, desto weniger Trennungen werden vorgenommen. Allerdings wird der Wortabstand groß und der Text dadurch schlecht lesbar. Anschließend erst wird der Zeichenabstand verändert. Kann dann immer noch keine gleichmäßige Zeilenbreite erzielt werden, dehnt PageMaker den Wortzwischenraum über den angegebenen Bereich hinaus. Für den Wortabstand gelten folgende Bereiche:

»Minimum:«	0 bis 500 %
»Maximum:«	0 bis 500 %
»Erwünscht:«	immer zwischen den eingegebenen Werten

Standardvorgabe ist 50 % für »Minimum:«, 100 % für »Erwünscht:« und 200 % für »Maximum:«. Der Wert 100 % bei »Erwünscht:« entspricht der Breite des Buchstabens »n«. Mit diesem Wert wird im Normalfall ein gutes Schriftbild erreicht. Üblicherweise sollen die Wortabstände nicht unter 50 % und nicht über 150 % des Normalabstandes (100 %) sein. Für den Zeichenabstand gelten folgende Bereiche:

»Minimum:«	-200 bis 0 %
»Maximum:«	0 bis 200 %
»Erwünscht:«	immer zwischen den eingegebenen Werten

Standardvorgabe ist -5 % für »Minimum:«, 0 % für »Erwünscht:« und 25 % für »Maximum:«. Um ein gutes Schriftbild zu erreichen, sollte der Zeichenabstand möglichst immer den Wert 0 % haben. Wollen Sie dies erzwingen, wählen Sie als Wert bei »Maximum:« 0 %. Die Silbentrennzone ist für den Blocksatz irrelevant.

<Fließtext>Duis autem vel eum iriure dolor in hendrerit in vulputate velit esse molestie consequat, vel illum dolore eu feugiat nulla facilisis at vero eros et accumsan et iusto odio dignissim qui blandit praesent luptatum zzril delenit augue duis dolore te feugait nulla facilisi. Nam liber tempor cum soluta nobis eleifend option congue nihil imperdiet doming id quod mazim placerat facer possim assum. Lorem ipsum dolor sit amet, consectetuer adipiscing elit, sed diam nonummy nibh euismod tincidunt ut laoreet

Text in Blocksatz, mit Standardwerten für Wort- und Zeichenabstand

<Fließtext>Duis autem vel eum iriure dolor in hendrerit in vulputate velit esse molestie consequat, vel illum dolore eu feugiat nulla facilisis at vero eros et accumsan et iusto odio dignissim qui blandit praesent luptatum zzril delenit augue duis dolore te feugait nulla facilisi. Nam liber tempor cum soluta nobis eleifend option congue nihil imperdiet doming id quod mazim placerat facer possim assum. Lorem ipsum dolor sit amet, consectetuer adipiscing elit, sed diam nonummy nibh euismod tincidunt ut laoreet

Text in Blocksatz, mit Standardwerten für Zeichenabstand, Wortabstand erweitert: »Minimum:« 300, »Erwünscht:« 400, »Maximum:« 500.

<Fließtext>Duis autem vel eum iriure dolor in hendrerit in vulputate velit esse molestie consequat, vel illum dolore eu feugiat nulla facilisis at vero eros et accumsan et iusto odio dignissim qui blandit praesent luptatum zzril delenit augue duis dolore te feugait nulla facilisi. Nam liber tempor cum soluta nobis eleifend option congue nihil imperdiet doming id quod mazim placerat facer possim assum. Lorem ipsum dolor sit amet, consectetuer adipiscing elit, sed diam nonummy nibh euismod tincidunt ut laoreet

Text in Blocksatz, mit Werten für Wort- und Zeichenabstand erweitert. Wortabstand »Minimum:« 300, »Erwünscht:« 400, »Maximum:« 500, Zeichenabstand »Minimum:« -5, »Erwünscht:« 200, »Maximum:« 200.

Flattersatz: Beim Flattersatz wird der Wortabstand von PageMaker auf den Wert »Erwünscht:« eingestellt, ebenso der Zeichenabstand. Meist erzielen Sie mit der Standardvorgabe bei eingeschalteter automatischer Silbentrennung (*Menü »Typographie«*, Befehl »Absatz...«) gute Ergebnisse. Für den Wortabstand gelten folgende Bereiche:

»Minimum:«	0 bis 500%
»Maximum:«	0 bis 500%
»Erwünscht:«	immer zwischen den eingegebenen Werten

Standardvorgabe ist 50% für »Minimum:«, 100% für »Erwünscht:« und 200% für »Maximum:«. Der Wert 100% bei »Erwünscht:« entspricht der Breite des Buchstabens »n« und liefert die besten Ergebnisse. Üblicherweise sollen die Wortabstände nicht unter 50% und nicht über 150% des Normalabstandes (100%) sein. Für den Zeichenabstand gelten folgende Bereiche:

»Minimum:«	-200 bis 0%
»Maximum:«	0 bis 200%
»Erwünscht:«	immer zwischen den eingegebenen Werten

Um ein gutes Schriftbild zu erreichen, sollte der Zeichenabstand möglichst immer den Wert 0% haben. Die Standardvorgabe ist -5% für »Minimum:«, 0% für »Erwünscht:« und 25% für »Maximum:«.

Die Silbentrennzone beeinflußt die Zeilenlänge. Sie wird in der im Menü »Bearbeiten« mit dem Befehl »Vorgaben wählen...« festgesetzten Einheit gemessen. Der Maximalwert ist 50 mm. Die Standardvorgabe ist 12 mm. Das letzte Wort einer Zeile wird so getrennt, daß der Trennstrich in der Silbentrennzone liegt. Ist dies nicht möglich, setzt PageMaker das betreffende Wort in die nächste Zeile. Je größer der eingegebene Wert für die Silbentrennzone ist, desto unregelmäßiger wird der Rand Ihres Absatzes und desto weniger versucht PageMaker zu trennen. Je kleiner der angegebene Wert ist, desto gleichmäßiger ist der Rand. Ändern Sie die Standardvorgaben nur dann, wenn der Satz zu unruhig ist.

Bei den Antiquaschriften sind zwei wichtige Untergruppen zu unterscheiden, Schriften mit Serifen und serifenlose Schriften. Serifen sind die kleinen Abschlußstriche an den Enden der Buchstaben. Sie betonen die Schriftlinien und machen eine Schrift leicht lesbar. Times ist eine Serifenschrift. Serifenlose Schriften wirken eher etwas kühl und nüchtern. Diese werden auch Grotesk-Schriften genannt. Helvetica ist eine serifenlose Schrift.

Text in Flattersatz, mit Standardwerten für Wort- und Zeichenabstand, Silbentrennzone 12 mm. Wortabstand »Minimum:« 50, »Erwünscht:« 100, »Maximum:« 200, Zeichenabstand »Minimum:« -5, »Erwünscht:« 0, »Maximum:« 25.

Bei den Antiquaschriften sind zwei wichtige Untergruppen zu unterscheiden, Schriften mit Serifen und serifenlose Schriften. Serifen sind die kleinen Abschlußstriche an den Enden der Buchstaben. Sie betonen die Schriftlinien und machen eine Schrift leicht lesbar. Times ist eine Serifenschrift. Serifenlose Schriften wirken eher etwas kühl und nüchtern. Diese werden auch Grotesk-Schriften genannt. Helvetica ist eine serifenlose Schrift.

Text in Flattersatz, mit Standardwerten für Wortabstand. Silbentrennzone 12 mm. Zeichenabstand erweitert. Wortabstand »Minimum:« 50, »Erwünscht:« 100, »Maximum:« 200, Zeichenabstand »Minimum:« -5, »Erwünscht:« 100, »Maximum:« 100.

Bei den Antiquaschriften sind zwei wichtige Untergruppen zu unterscheiden, Schriften mit Serifen und serifenlose Schriften. Serifen sind die kleinen Abschlußstriche an den Enden der Buchstaben. Sie betonen die Schriftlinien und machen eine Schrift leicht lesbar. Times ist eine Serifenschrift. Serifenlose Schriften wirken eher etwas kühl und nüchtern. Diese werden auch Grotesk-Schriften genannt. Helvetica ist eine serifenlose Schrift.

Text in Flattersatz, mit Standardwerten für Zeichenabstand. Wortabstand erweitert. Silbentrennzone 5 mm. Wortabstand »Minimum:« 50, »Erwünscht:« 200, »Maximum:« 500, Zeichenabstand »Minimum:« -5, »Erwünscht:« 0, »Maximum:« 25.

Zoll

siehe *Maßeinheit*

Zoomen

siehe *Darstellungsgröße*

Zwischenablage

Sie können ein Element mit den Befehlen »Ausschneiden« oder »Kopieren« im *Menü »Bearbeiten«* in die Zwischenablage legen. Die Zwischenablage hält ein Element solange, bis Sie ein anderes Element in ihr ablegen. Das neue Element in der Zwischenablage verdrängt den bisherigen Inhalt. Der Inhalt der Zwischenablage kann auch in ein anderes Windows-Programm übertragen werden. Er geht erst beim Verlassen von Windows verloren.

Wenn Sie die Zwischenablage anschauen wollen, können Sie diese über den Befehl »Zwischenablage« im *Menü »Steuerung«* abrufen. Sie kann allerdings nur Text zeigen, keine Graphiken.

Zwischenfassung

PageMaker speichert automatisch jedesmal eine Zwischenfassung Ihres Dokumentes, wenn Sie auf ein Seitensinnbild klicken, also z.B. beim Umblättern. Auch wenn Sie eine Seite einfügen oder löschen und auch dann, wenn Sie die Seiteneinrichtung ändern, wird eine Zwischenfassung gespeichert. Wollen Sie Änderungen auf einer Seite rückgängig machen, können Sie zur zuletzt gespeicherten Zwischenfassung zurückgehen, indem Sie den Befehl »Alte Fassung« (*Menü »Datei«*) bei gedrückter Shift-Taste wählen. Dadurch verlieren Sie unwiederbringlich alle Änderungen. Da Sie bei versehentlicher Benützung dieses Befehls eine Menge Arbeit zerstören können, erscheint ein Warnfeld, auf dem Sie »OK« klicken müssen, ehe der Befehl ausgeführt wird.

Sie können die Zwischenfassung bewußt ausnutzen, indem Sie auf das Sinnbild der dargestellten Seite klicken, bevor Sie eine Serie von Änderungen vornehmen, die Sie eventuell wieder verwerfen wollen.

Anhang

Hardwarevoraussetzungen

Bei der Installation von Windows und PageMaker müssen bestimmte Angaben über die von Ihnen verwendete Hardware gemacht werden. Folgende Geräte können Sie für die Arbeit mit PageMaker benützen:

Bildschirmtyp: Die folgenden Bildschirmmodelle werden von PageMaker unterstützt und eine entsprechende Bildschirmtreiberdatei wird im PageMaker-Paket mitgeliefert. Verwenden Sie einen anderen Bildschirm, müssen Sie die vom Hersteller gelieferte Software installieren.

IBM (oder 100% kompatibler) CGA (Farbgrafikadapter)

IBM (oder 100% kompatibler) EGA (> 64KB) mit EGA-Bildschirm

IBM EGA mit hochauflösendem Monochrom-Bildschirm

IBM EGA mit EGA-Bildschirm (schwarz/weiß)

IBM EGA mit EGA-Bildschirm oder CGA-Farbbildschirm

IBM MCGA (Multi-Color Graphics Array)

IBM (oder 100% kompatibler) VGA (Video Graphics Array)

Hercules Adapter mit hochauflösendem Monochrom-Bildschirm

Olivetti 640x400 monochromer Bildschirmadapter

Olivetti 640x400 Farbgrafikadapter

Compaq Portable Plasma

Ericsson monochromer Bildschirmadapter 3111, 3712 oder 3715

Ericsson Farbbildschirm 9116 oder Ericsson Portable Computer

Ericsson monochromer Bildschirmadapter 3111 (dunkler Hintergrund)

Tandy 1000 Farbbildschirmadapter

HP Multimode, Monochrom- oder Farbbildschirm

HP Display/Printer Adapter mit 400-Linien LCD

HP Monochrome Plus

HP EGA mit Enhanced Graphics Display

WYSE WY-700 Bildschirmadapter

Micro Display Genius 736 x 1008

Neftis I

Atris

Digital VAXmate Display

Druckertyp: Die folgenden Drucker werden von PageMaker unterstützt. Verwenden Sie einen anderen Drucker, müssen Sie die vom Hersteller gelieferte Software installieren. Wenn Sie einen PCL-Drucker verwenden und Ihrem PageMaker-Paket das Programm Fontware beiliegt, können Sie selbst Zeichensätze anlegen und auf Ihrer Festplatte speichern.

Apple LaserWriter (Postscript Drucker)

Apple LaserWriter Plus (Postscript Drucker)

Apricot Laser (PCL / HP LaserJet)

C-Itoh 8510

Canon LBP8 Laserdrucker

Dataproducts LZR 2665 (Postscript Drucker)

Digital LN03R ScriptPrinter (Postscript Drucker)

Digital LPS PrintServer 40 (Postscript Drucker)

Epson LQ Drucker (Epson 24 Pin)

Epson MX,FX,LX Drucker (Epson 9 Pin)

Epson JX,EX,RX Drucker (Epson 9 Pin)

AMT Office Drucker (AMT)

MT910 Laserdrucker (MT910)

Digital LA50/75 Treiber

HP DeskJet (HP DeskJet)

HP LaserJet (PCL / HP LaserJet)

HP LaserJet Plus (PCL / HP LaserJet)

HP LaserJet 500+ (PCL / HP LaserJet)

HP LaserJet Series II (PCL / HP LaserJet)

HP LaserJet 2000 (PCL / HP LaserJet)

IBM Proprinter 24 Pin

IBM Farbdrucker (S/W)

IBM Graphics

IBM Personal Pageprinter (Postscript Drucker)

IBM Proprinter (IBM Proprinters)

IBM Proprinter II (IBM Proprinters)

IBM Proprinter XL (IBM Proprinters)

Kyocera F-1010 Laser (PCL / HWP LaserJet)

Linotronic 100/300/500 (Postscript Drucker)

NEC P2/P3

NEC 24-Nadeldrucker

Okidata 92/192 (IBM)

Okidata 93/193 (IBM)

Okidata 24 pin

Olivetti DM Drucker

Olivetti DM600

QMS-PS 800 (Postscript Drucker)

QMS-PS 800 Plus (Postscript Drucker)

QuadLaser I (PCL / HP LaserJet)

TI 850

TI 855

TI OmniLaser 2108 (Postscript Drucker)

TI OmniLaser 2115 (Postscript Drucker)

Toshiba P1351

Universal / nur Text

Wang LCS15 (Postscript Drucker)

Wang LCS15 FontPlus (Postscript Drucker)

Maustyp: PageMaker unterstützt folgende Maustypen:

Microsoft Mouse (Bus oder serielle)

Microsoft Mouse verbunden mit serieller PS/2-Schnittstelle

IBM Personal System/2 Maus

Mouse Systems Maus verbunden mit COM1:

Mouse Systems Maus verbunden mit COM2:

VisiOn Maus verbunden mit COM1:

VisiOn Maus verbunden mit COM2:

Logitech Mouse

Olivetti Tastaturmaus

HP Maus, HP Touch, oder HP Graphics Tablet (HP-HIL)

Digital Maus

Verwenden Sie eine andere Maus, müssen Sie eventuell den vom Hersteller mitgelieferten Maustreiber installieren.

Tastaturtyp: Sie können mit Ihrem PC verschiedene Zeichensätze benützen. Normalerweise verwenden Sie eine deutsche oder Schweizer Tastatur. Unter anderem können Sie eine der folgenden Tastaturtypen verwenden:

Belgische Tastatur

Dänische Tastatur

Deutsche Tastatur

Niederländische Tastatur

Schweizer Tastatur (angelehnt an Deutsche)

Schweizer Tastatur (angelehnt an Französische)

U.S. Tastatur (IBM und Kompatible)

U.S. Tastatur (Olivetti)

Beispiel einer Datei WIN.INI

Das folgende Beispiel der Datei WIN.INI muß nicht exakt mit der für Ihr System erstellten Datei übereinstimmen. Es dient lediglich der Illustration.

```
; Zeilen, die mit einem Semikolon beginnen sind Kommentare (diese
; Zeile ist z.B. ein Kommentar), sie dürfen keine Gleichheitszeichen
; beinhalten


[windows]

; Ist der Eintrag "spooler" auf "yes" gesetzt, so wird das Spulpro-
; gramm eingesetzt, durch die Einstellung "no" wird die Druckausgabe
; sofort zum Drucker gesendet.
```

DEVICE=PCL / HP LaserJet,HPPCL,Druck.PRN

spooler=yes

DoubleClickSpeed=500

CursorBlinkRate=550

; Im MS-DOS-Fenster werden bei Auswahl des Befehls Programme im Menü
; Liste alle Dateien mit den hier angegebenen Erweiterungen
; aufgelistet. Hier kann z.B. die Erweiterung "pif" hinzugefügt
; werden.

programs=com exe bat

; Der Eintrag "NullPort" legt den Text fest, der angezeigt wird,
; falls Drucker/Plotter mit keinem Anschluß verbunden ist (z.B. beim
; Befehl Anschlüsse im Menü Einstellung der Systemsteuerung).

NullPort=Ohne

; Der Eintrag "load" legt Programme fest, die beim Starten von
; Windows automatisch als Sinnbild gestartet werden.

load=

; Der Eintrag "run" legt Programme fest, die beim Starten von Windows
; gestartet werden. Es kann entweder der Name eines Anwendungspro-
; gramms oder eine Datei mit einer Erweiterung, die im Abschnitt
; [extensions] aufgeführt ist, angegeben werden. Im zweiten Fall wird
; das entsprechende Anwendungsprogramm und die Datei geladen.

run=

beep=yes

DeviceNotSelectedTimeout=15

TransmissionRetryTimeout=45

BorderWidth=5

MinimizeMSDos=yes

[extensions]

kal=kalender.exe ^.kal

krt=kartei.exe ^.krt

trm=terminal.exe ^.trm

ztxt=notiz.exe ^.txt

ini=notiz.exe ^.ini

msp=paint.exe ^.msp

wri=write.exe ^.wri

PM3=PM.EXE ^.PM3

PT3=PM.EXE ^.PT3

xls=excel.exe ^.xls

xlc=excel.exe ^.xlc

xlw=excel.exe ^.xlw

xlm=excel.exe ^.xlm

[colors]

Background=255 255 255

AppWorkspace=191 191 191

Window=255 255 255

WindowText=0 0 0

Menu=255 255 255

MenuText=0 0 0

ActiveTitle=0 0 0

InactiveTitle=255 255 255

TitleText=255 255 255

ActiveBorder=127 127 127

InactiveBorder=127 127 127

WindowFrame=0 0 0

Scrollbar=63 63 63

[pif]

swapdisk=?

swapsize=0

assign.com=1

attrib.exe=32

backup.com=64

backup.exe=128

chkdsk.com=64

chkdsk.exe=64

command.com=32

comp.com=64

diskcomp.com=64

```
diskcomp.exe=128
diskcopy.com=64
diskcopy.exe=128
edlin.com=64
find.exe=64
format.com=64
format.exe=64
join.exe=20
mode.com=1
mode.exe=1
more.com=64
print.com=1
print.exe=1
recover.com=64
recover.exe=64
restore.com=64
sort.exe=64
subst.exe=20
win.com=1

[intl]
dialog=yes
iCountry=49
iDate=1
iCurrency=3
iDigits=2
iTime=1
iLzero=1
s1159=""
s2359=""
sCurrency=DM
sThousand=.
sDecimal=,
sDate=.
```

sTime=:

sList=;

[ports]

; Wird eine Zeile der Form [Dateiname].PRN=hinzugefügt, so wird die
; angegebene Datei im Anschlußdialogfeld der Systemsteuerung aufge-
; führt. Der damit verbundene Druckertreiber leitet dann seine
; Ausgabe in diese Datei.

LPT1:=

LPT2:=

LPT3:=

COM1:=9600,n,8,1

COM2:=9600,n,8,1

EPT:=

AppleTalk=

Druck.PRN=

[devices]

IBM Proprinters=PROPRINT,LPT2:

NEC 24-Nadeldrucker=NEC24PIN,LPT3:

PCL / HP LaserJet=HPPCL,Druck.PRN

Postscript Drucker=PSCRIPT,COM2:

HP DeskJet=DESKJET,Ohne

[fonts]

Helv 8,10,12,14,18,24 (Set #3)=HELVB

Helv 8,10,12,14,18,24 (Set #6)=HELVE

Helv 8,10,12,14,18,24 (Set #5)=HELVD

Helv 8,10,12,14,18,24 (Set #4)=HELVC

Courier 8,10,12 (Set #3)=COURB

Courier 8,10,12 (Set #6)=COURE

Courier 8,10,12 (Set #5)=COURD

Courier 8,10,12 (Set #4)=COURC

Tms Rmn 8,10,12,14,18,24 (Set #3)=TMSRB

Tms Rmn 8,10,12,14,18,24 (Set #6)=TMSRE

Tms Rmn 8,10,12,14,18,24 (Set #5)=TMSRD

Tms Rmn 8,10,12,14,18,24 (Set #4)=TMSRC

Roman (Set #1)=ROMAN

Script (Set #1)=SCRIPT

Modern (Set #1)=MODERN

PageMaker Fonts (2:1)=PMFONTA

; Punktgröße 11 In Quellendatei bk000wbp.fon installiert

Bitstream Courier 10 Roman bk000wbp=

; Punktgröße 11 In Quellendatei bl000wbp.fon installiert

Bitstream Courier 10 Italic bl000wbp=bl000wbp.fon

; Punktgröße 6 8 9 10 11 12 14 24 32 In Quellendatei ai000wbp.fon
; installiert

Bitstream Dutch Roman ai000wbp=ai000wbp.fon

; Punktgröße 8 10 12 In Quellendatei aj000wbp.fon installiert

Bitstream Dutch Italic aj000wbp=aj000wbp.fon

; Punktgröße 10 In Quellendatei aa000wbp.fon installiert

Bitstream Swiss Roman aa000wbp=aa000wbp.fon

; Punktgröße 10 In Quellendatei ab000wbp.fon installiert

Bitstream Swiss Italic ab000wbp=ab000wbp.fon

; Punktgröße 10 In Quellendatei en000tbp.fon installiert

Bitstream Symbol A Prop Serif en000tbp=en000tbp.fon

Bitstream Courier 10 Roman in bk000wbp=BK000WBP

[PageMaker]

Defaults=C:\PM3\PM.CNF

[PMExports]

DCA/RFT Text Export=DCAEXP,DCA

Microsoft Word=MSExport,TXT,Word 3.1

[PMFilters]

Video Show Import=VIDMPORT,PIC

CGM Graphics Import=CGMMPORT,CGM

[MSWrite]

Backup=0

Font1=Elongated Proportional,16

Font2=Pica,48

Font3=Pica Elongated,48

Font4=Pica Elongated Narrow,48

Font5=Pica Elongated Condensed,48

[PostScript,LPT1]

device=Apple LaserWriter Plus

resolution=300

orientation=0

papersource=1

paper0=Letter

paper1=Letter

paper2=Letter

[HPPCL,Ohne]

paper=20

copies=1

orient=15

prtresfac=2

tray=30

prtindex=5

numcart=1

duplex=0

cartindex=0

FontSummary=C:\WINDOWS\FSOhne.PCL

[HPPCL,Output.PRN]

paper=20

copies=1

orient=15

prtresfac=0

```
tray=30
prtindex=5
numcart=1
duplex=0
cartindex=0
FontSummary=C:\WINDOWS\FSOutput.PCL


[HPPCL,LPT1]
paper=20
copies=1
orient=15
prtresfac=0
tray=30
prtindex=5
numcart=1
duplex=0
cartindex=23

softfonts=11
softfont1=C:\FONTS\BKPRO110.PFM,C:\FONTS\BK0110WH.HPF
softfont2=
softfont3=C:\FONTS\ai0080wh.pfm,C:\FONTS\ai0080wh.hpf
softfont4=C:\FONTS\ai0100wh.pfm,C:\FONTS\ai0100wh.hpf
softfont5=C:\FONTS\ai0120wh.pfm,C:\FONTS\ai0120wh.hpf
softfont6=C:\FONTS\ai0160wh.pfm,C:\FONTS\ai0160wh.hpf
softfont7=C:\FONTS\aj0080wh.pfm,C:\FONTS\aj0080wh.hpf
softfont8=C:\FONTS\aj0100wh.pfm,C:\FONTS\aj0100wh.hpf
softfont9=C:\FONTS\aj0120wh.pfm,C:\FONTS\aj0120wh.hpf
softfont10=C:\FONTS\aa0100wh.pfm,C:\FONTS\aa0100wh.hpf
softfont11=C:\FONTS\ab0100wh.pfm,C:\FONTS\ab0100wh.hpf
sfdlbat=C:\FONTS\SFLPT1.BAT
fsvers=14
softfont12=C:\FONTS\en0100th.pfm,C:\FONTS\en0100th.hpf
sfdir=C:\FONTS
```

softfont13=

FontSummary=C:\WINDOWS\FSLPT1.PCL

[HPPCL,LPT2]

FontSummary=C:\WINDOWS\FSLPT2.PCL

paper=21

copies=1

orient=15

prtresfac=2

tray=30

prtindex=5

numcart=1

duplex=0

cartindex=0

SoftFont1=

[PostScript,Druck.PRN]
device=Apple LaserWriter Plus
resolution=300
orientation=0
papersource=1
paper0=A4
paper1=A4
paper2=A4
Papier0=A4
Papier11=A4

[NEC 24-Nadeldrucker]
Orientation=Portrait
Print Quality=High
Color Selection=Black/White
Paper Format=US Letter
Font Cartridge Slot 1=Keine
Font Cartridge Slot 2=Keine

```
[PROPRINTERdrv]

Orient=0

Res=1

Color=0

Mode=0

Width=08

Height=12

Feed=0

Printer=0


[HPPCL,LPT3]

FontSummary=C:\WINDOWS\FSLPT3.PCL


[wingrab]

display=:

filemask=C:\screens


[PostScript,AppleTalk]

device=Apple LaserWriter Plus

resolution=300

orientation=0

papersource=1

paper0=A4

paper1=A4

paper2=A4


[PostScript,COM1]

device=Apple LaserWriter Plus

resolution=300

orientation=0

papersource=1

paper0=A4

paper1=A4

paper2=A4
```

Kopfsatz geladen=Ja

Papier0=A4

Papier11=A4

[HPPCL,Druck.PRN]

FontSummary=C:\WINDOWS\FSDruck.PCL

prtresfac=0

[PostScript,COM2]

Papier0=A4

Papier11=A4

[Microsoft Excel]

Options=119

AutoDec=0

MenuKey=0

Maximized=0

Integration von Textverarbeitungsprogrammen

Im folgenden werden einige Besonderheiten besprochen, die beim Arbeiten mit Textverarbeitungsprogrammen und beim Importieren damit erstellter Textdateien in eine PageMaker-Datei auftreten.

DEC WPS-Plus

Für den Import von Dateien, die mit diesem Textverarbeitungsprogramm hergestellt wurden, gilt folgendes.

Schriftmerkmale: Schriftart und Schriftgrad werden nicht übernommen, alle Schriftschnitte werden übertragen, lediglich Kursiv ist nicht verfügbar. Korrekturmarkierungen werden durchgestrichen dargestellt, doppelt unterstrichene Zeichen als Kapitälchen.

Absatzmerkmale: Der Zeilenabstand wird übernommen, nicht aber der Absatzabstand. Tabstops werden übertragen. Einzüge werden übertragen, als Ausrichtung aber nur linksbündig.

Euroscript

Für den Import von Dateien, die mit diesem Textverarbeitungsprogramm hergestellt wurden, gilt folgendes.

Schriftmerkmale: PageMaker übernimmt weder Schriftart noch Schriftgrad, sondern ersetzt diese durch die Standardvorgaben. Übernommen werden aber die Schriftschnitte fett, kursiv, unterstrichen, hoch- und tiefgestellt. Durchgestrichen ist in Euroscript nicht verfügbar. Negativ dargestellter Text wird kursiv, fett unterstrichener Text wird einfach unterstrichen.

Absatzmerkmale: An Absatzmerkmalen übernimmt PageMaker alle Arten von Tabstops sowie linke Einzüge und die Absatzausrichtung. Als Grundeinheit nimmt PageMaker Zehntel Zoll an. Da in Euroscript die Ausrichtung zeilenweise gewählt werden kann, in PageMaker dagegen nur absatzweise, wird die Einstellung der ersten Zeile auf den ganzen Absatz übertragen. Zeilenabstand und Absatzabstand werden nicht übernommen. Zehnerteilung (10 Zeichen pro Zoll) wird hier als Einheit angenommen.

HP Advance Write

Für den Import von Dateien, die mit diesem Textverarbeitungsprogramm hergestellt wurden, gilt folgendes.

Schriftmerkmale: Schriftart und Schriftgrad werden nicht übernommen. Alle Schriftschnitte werden übernommen, im Korrekturmodus eingefügter Text wird in PageMaker kursiv gesetzt. Im Korrekturmodus gelöschter Text wird durchgestrichen.

Absatzmerkmale: Der Zeilenabstand wird übernommen, linke und Dezimaltabstops ebenso. Einzüge und Absatzausrichtung werden erkannt.

HP Executive MemoMaker

Für den Import von Dateien, die mit diesem Textverarbeitungsprogramm hergestellt wurden, gilt folgendes.

Schriftmerkmale: Schriftart und Schriftgrad werden nicht übernommen. Lediglich die Schriftschnitte fett und unterstrichen werden übertragen.

Absatzmerkmale: Keines der Absatzmerkmale wird übertragen.

IBM PC Text 3 und 4

Für den Import von Dateien, die mit diesem Textverarbeitungsprogramm hergestellt wurden und anderen Programmen, die Dateien im DCA/RFT-Format erzeugen, gilt folgendes.

Schriftmerkmale: Schriftart und Schriftgrad werden nicht übernommen. Die Schriftgröße (Zeichen pro Zoll) wird übersetzt (nach der Formel 120 : Teilung = points) Die Schriftschnitte fett, unterstrichen, durchgestrichen, sowie hoch- und tiefgestellt werden übernommen. Kursiv ist nicht verfügbar.

Absatzmerkmale: Der Zeilenabstand wird übernommen. Der Abstand »einzeilig« wird in den Abstand »autom.« umgerechnet. Der Absatzabstand wird nicht übernommen. Alle Tabstops sowie Einzüge und die Absatzausrichtung werden übernommen.

Lotus Manuscript

Siehe IBM PC Text 3 und 4 (Dateien im DCA/RFT-Format)

Microsoft Word

Mit diesem Textverarbeitungsprogramm arbeitet PageMaker am besten zusammen. Praktisch alle Formate, die Sie in Word anwenden, werden von PageMaker übernommen. Sie können Ihren Text sowohl mit dem Absatz- bzw. Zeichenformatsbefehl formatiert haben oder auch mit Druckformatvorlagen. Korrigieren Sie Ihren Text bereits in Word, führen Sie aber keine Silbentrennung durch. Vermeiden Sie auch erzwungene Seitenumbrüche und Zeilenumbrüche.

Schriftmerkmale: Um alle typographischen Merkmale übernehmen zu können, ist es notwendig, daß die Word-Datei unter Verwendung desselben Druckers erstellt wird, mit dem auch die PageMaker-Datei ausgedruckt werden soll. Verwenden Sie für Ihr PageMaker-Dokument einen HP- Laserjet oder einen anderen PCL-kompatiblen Drucker, müssen Sie in Word einen Druckertreiber wählen, der HPLASER.DBS oder ähnlich heißt. Für einen PostScript-Drucker verwenden Sie den Treiber namens APPLASER.DBS. Steht Ihnen aus irgendeinem Grund nicht der Druckertreiber für denselben Drucker zur Verfügung, mit dem die PageMaker-Datei gedruckt werden soll, oder verwenden Sie eine Schriftart oder einen Schriftgrad, die PageMaker nicht zur Verfügung stehen, ersetzt PageMaker diese durch eine möglichst ähnliche Schriftart bzw. Schriftgrad.

Schriftart, Schriftgrad, Schriftschnitt, Zeichenlage und die Buchstabenart (normal, versal, Kapitälchen) werden von PageMaker übernommen. Als einzige Ausnahme wird in Word doppelt unterstrichener Text in PageMaker nur einfach unterstrichen dargestellt.

Absatzmerkmale: Alle Absatzmerkmale werden übernommen. Machen Sie in Word keine Leerzeilen zwischen Absätzen, sondern verwenden Sie dazu besser das Absatzformat. Ebenso sollte ein Einzug der ersten Zeile nicht mit Leerzeichen oder Tabstops erstellt werden, sondern ebenfalls mit dem Absatzformat. Eine weiche Zeilenschaltung wird durch eine harte ersetzt. Der Absatzabstand, Tabstopps (links, rechts, zentriert, dezimal) und die Absatzausrichtung werden exakt übernommen. Dies gilt auch für Absatzeinzüge links und rechts und für Einzüge der ersten Zeile. Tabellen sollten nur mit Tabstops und nicht mit Leerzeichen erstellt werden.

Die Messung der Zeilenhöhe bildet eine Ausnahme. Der Zeilenabstand ist in PageMaker ein Schriftmerkmal, in Word ein Absatzmerkmal. Daraus können eventuell Probleme entstehen, wenn Sie verschiedene Schriftgrade auf einer Zeile verwenden.

Druckformatvorlagen: PageMaker übernimmt alle Druckformatvorlagen aus Word. Die Druckformate werden in die Druckformatliste der PageMaker-Datei aufgenommen und können dort auch weiterverarbeitet werden. Der bei dem Druckformat in Word im Feld »Anmerkung« eingetragene Name wird zum Namen des Druckformats in PageMaker. Allerdings müssen Sie folgende Zeichen in diesem Namen vermeiden:

Semikolon (), Doppelpunkt (:), öffnende oder schließende Klammer (()), Schrägstrich (/) und Umlaute.

Die aus Word übernommenen Druckformate sind mit einem * gekennzeichnet. Das Sternchen verschwindet, wenn Sie das Format in PageMaker bearbeiten. Existieren in der PageMaker-Datei allerdings bereits gleichnamige Druckformate, werden diese Page-Maker-Formate beim Positionieren auf den Text angewendet, nicht die ursprünglichen Word-Formate.

MultiMate

Für den Import von Dateien, die mit diesem Textverarbeitungsprogramm hergestellt wurden, gilt folgendes.

Schriftmerkmale: PageMaker übernimmt Schriftart und Schriftgrad. Die Angaben in der Pitchziffer bzw. in der Einheit Zeichen pro Zoll übersetzt PageMaker in einen Schriftgrad in Point: Die Pitchziffer 1, 2 und 3 entsprechen den Schriftgraden 24, 18 und 14 Point. Der Standardwert 4 wird zu 12 Point. Die Pitchziffern 5, 6, 7, 8 und 9 entsprechen den Schriftgraden 10, 9, 8, 7 und 6 Point.

Die Schriftschnitte fett, unterstrichen, durchgestrichen, hoch- und tiefgestellt werden übertragen. Kursiv ist in MultiMate nicht verfügbar.

Absatzmerkmale: Der Zeilenabstand wird übernommen, aber umgerechnet in Point je nach dem verwendetem Schriftgrad. Der Absatzabstand wird nicht übernommen. Tabstops werden erkannt, aber immer als links orientierte übernommen. Einzüge werden nicht übernommen. Die Absatzausrichtung wird übernommen, sofern diese linksbündig oder zentriert ist.

Olivetti Olitext

Für den Import von Dateien, die mit diesem Textverarbeitungsprogramm hergestellt wurden, gilt folgendes.

Schriftmerkmale: Die Schriftart wird nicht übernommen. Der Schriftgrad wird übernommen, allerdings erscheinen proportionale Schriften in PageMaker in 10 Point. Schriftschnitte außer kursiv und durchgestrichen werden übernommen.

Absatzmerkmale: Der Zeilenabstand wird übernommen, der Absatzabstand nicht. Linke und Dezimaltabstops werden übernommen, allerdings pro Absatz nur eine Art von Tabstops. Die Absatzausrichtung wird übernommen.

Samna Word

siehe IBM PC Text 3 und 4 (Dateien im DCA/RFT-Format)

Volkswriter

Siehe IBM PC Text 3 und 4 (Dateien im DCA/RFT-Format)

Wang Integrated Word Processing

Für den Import von Dateien, die mit diesem Textverarbeitungsprogramm hergestellt wurden, gilt folgendes.

Schriftmerkmale: Von den Schriftmerkmalen werden lediglich die
Schriftschnitte fett und unterstrichen sowie hoch- und tiefgestellt
übernommen.

Absatzmerkmale: Der Zeilenabstand wird übernommen, der Absatzabstand nicht. Linke und Dezimaltabstops werden übernommen. Absatzausrichtung und Einzüge werden übernommmen.

Windows Write

Dieses Textverarbeitungsprogramm erhalten Sie zusammen mit der
Vollversion von Windows. Dieses Programm läuft wie PageMaker
unter Windows. Deshalb kann PageMaker sehr viel Formatierungsmerkmale von Write-Dateien übernehmen. Allerdings bietet
Write nicht so viele Möglichkeiten wie etwa Word oder WordPerfect.

Schriftmerkmale: PageMaker kann alle Schriftmerkmale, also
Schriftart, Schriftgrad und Schriftschnitt übernehmen. Stellen Sie
sicher, daß in Write und PageMaker derselbe Reindrucker gewählt
ist.

Absatzmerkmale: Alle Absatzmerkmale werden übernommen, lediglich der Absatzabstand ist in Write nicht verfügbar.

WordPerfect

Für den Import von Dateien, die mit diesem Textverarbeitungsprogramm hergestellt wurden, gilt folgendes.

Schriftmerkmale: Weder Schriftart noch Schriftgrad werden
übernommen. Der Schriftgrad wird umgerechnet nach der Formel
120/Teilung = Points. Alle Schriftschnitte werden übertragen.
Alle Unterstreichungen werden jedoch als einfache Unterstreichungen übertragen. Korrekturmarkierungen werden in PageMaker kursiv dargestellt.

Absatzmerkmale: Zeilenabstand und Absatzabstand werden nicht
übertragen. Nur linksbündige Tabstops werden übertragen. Die

Absatzausrichtung und die Einzüge werden übernommen, wenn Sie in WordPerfect mit den Standardvorgaben für den linken und rechten Rand arbeiten (Position 10 und 74).

Für WordPerfect 5.0 ist ein eigener Filter zu installieren.

WordStar

Für den Import von Dateien, die mit diesem Textverarbeitungsprogramm hergestellt wurden, gilt folgendes.

Schriftmerkmale: Schriftart und Schriftgrad werden nicht übernommen. Die Schriftschnitte werden übernommen, allerdings wird doppelt unterstrichener Text in PageMaker kursiv gesetzt.

Absatzmerkmale: Zeilenabstand und Absatzabstand werden nicht übernommen, auch nicht die Tabstops. Die Absatzausrichtung wird nicht übernommen, aber Einzüge werden erkannt.

Schlüssel für das Arbeiten mit PageMaker

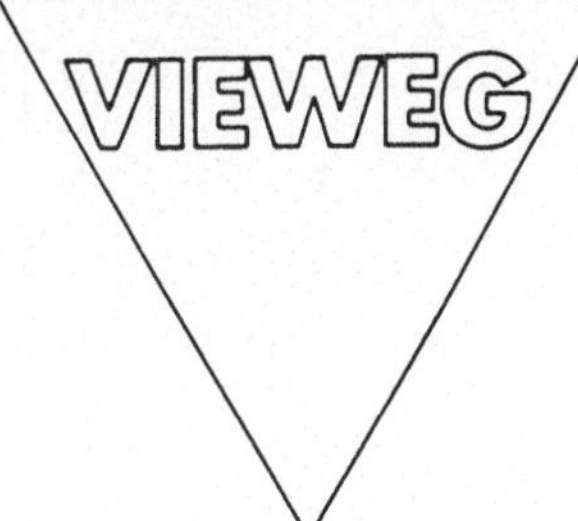

Michael Müller

**Anwenderhandbuch PageMaker
Version 3.0**

1989. VIII, 356 Seiten. Kartoniert.

Inhalt: Voraussetzungen, Installation – Arbeitsablauf – Einige Möglichkeiten – Ein einfaches Beispiel – Feinheiten – Text und Textbearbeitung – Bilder – Mustervorlagen – Ausdruck, Drucker.

Das Handbuch wendet sich in erster Linie an den professionellen Benutzer. Schritt für Schritt wird auch dem Anfänger das grundlegende Wissen vermittelt, angefangen bei der Terminologie bis zu Layout- und Designüberlegungen. Das eigentliche Ziel des Buches ist es, den gewünschten Ausdruck zu ermöglichen, sei es über Laserprinter oder eine professionelle Fotosatzmaschine.

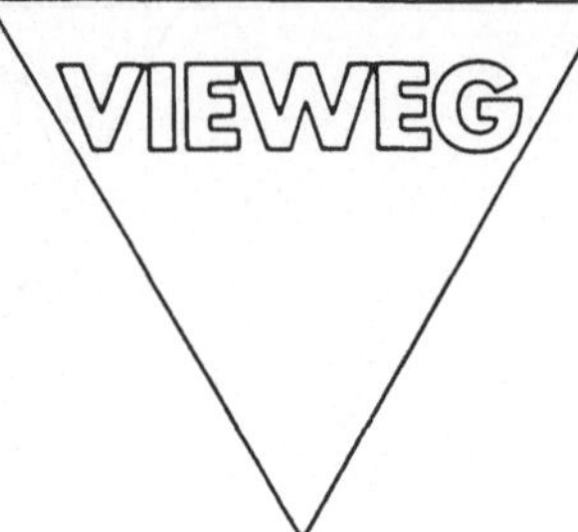

Ulrich Flasche und G. Dario Posada-Medrano

Desktop Publishing mit dem HP LaserJet

Anwendungen mit Word, Windows, PageMaker und Ventura Publisher.

1988. X, 182 Seiten. Kartoniert.

Die ausführliche Beschreibung der typographischen Elemente für die Gestaltung von Druckerzeugnissen gerät immer mehr in das Hintertreffen gegenüber der bloßen Anwendung eines Desktop Publishing-Systems. In diesem Buch wird gerade sehr stark auf die Grundlage der Satz- und Drucktechnik mit dem PC Bezug genommen, so daß der Leser eine ausgezeichnete Einführung in die Anwendung eines Desktop Publishing-Systems erhält. Anhand von eingängigen Beispielen (Brief, Bericht, Katalogeinträge etc.) werden die wichtigen Schritte zur eigenständigen Arbeit ausgeführt. Die praxisorientierte Vorgehensweise ermöglicht das leichte Nachvollziehen des Stoffes, so daß der Leser zum Experten im Herstellen von druckfertigen Erzeugnissen auf dem PC wird.

Das Buch wurde in enger Zusammenarbeit mit Hewlett-Packard entwickelt. Die Darstellung berücksichtigt die neueste Druckertechnologie der Firma HP.